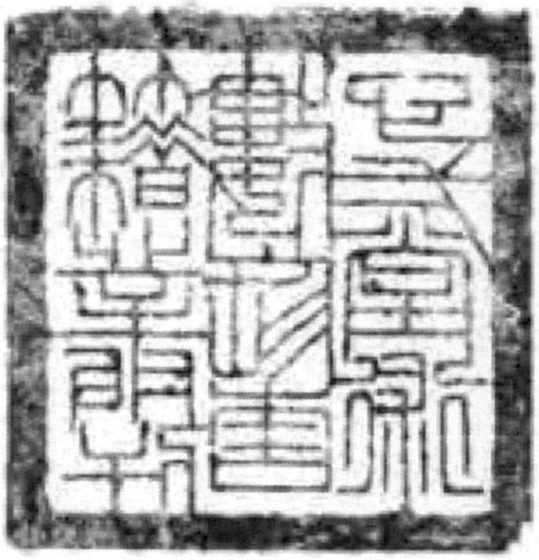

書名：《地星會源》《斗數綱要》合刊
系列：心一堂術數珍本古籍叢刊　星命類　紫微斗數系列
作者：何汝樫
主編、責任編輯：陳劍聰
心一堂術數古籍珍本叢刊編校小組：陳劍聰　素聞　梁松盛　鄒偉才　虛白盧主

出版：心一堂有限公司
通訊地址：香港九龍旺角彌敦道六一〇號荷李活商業中心十八樓〇五－〇六室
深港讀者服務中心：中國深圳市羅湖區立新路六號羅湖商業大廈負一層〇〇八室
電話號碼：(852)67150840
網址：publish.sunyata.cc
電郵：sunyatabook@gmail.com
網店：http://book.sunyata.cc
淘寶店地址：https://shop210782774.taobao.com
微店地址：https://weidian.com/s/1212826297
臉書：https://www.facebook.com/sunyatabook
讀者論壇：http://bbs.sunyata.cc/

版次：二零二一年十月初版
平裝

港幣　三百九十八元正
定價：人民幣　三百九十八元正
新台幣　一千五百八十元正

國際書號：ISBN 978-988-8058-75-4

香港發行：香港聯合書刊物流有限公司
地址：香港新界大埔汀麗路36號中華商務印刷大廈3樓
電話號碼：(852)2150-2100
傳真號碼：(852)2407-3062
電郵：info@suplogistics.com.hk

台灣發行：秀威資訊科技股份有限公司
地址：台灣台北市內湖區瑞光路七十六巷六十五號一樓
電話號碼：+886-2-2796-3638
傳真號碼：+886-2-2796-1377
網絡書店：www.bodbooks.com.tw
台灣國家書店讀者服務中心：
地址：台灣台北市中山區松江路二〇九號一樓
電話號碼：+886-2-2518-0207
傳真號碼：+886-2-2518-0778
網絡書店：http://www.govbooks.com.tw

中國大陸發行　零售：深圳心一堂文化傳播有限公司
深圳地址：深圳市羅湖區立新路六號羅湖商業大廈負一層〇〇八室
電話號碼：(86)0755-82224934

心一堂微店二維碼

心一堂淘寶店二維碼

心一堂術數古籍珍本叢刊 總序

術數定義

術數，大概可謂以「推算、推演人(個人、群體、國家等)、事、物、自然現象、時間、空間方位等規律及氣數，並或通過種種『方術』，從而達致趨吉避凶或某種特定目的」之知識體系和方法。

術數類別

我國術數的內容類別，歷代不盡相同，例如《漢書・藝文志》中載，漢代術數有六類：天文、曆譜、無行、蓍龜、雜占、形法。至清代《四庫全書》，術數類則有：數學、占候、相宅相墓、占卜、命書、相書、陰陽五行、雜技術等，其他如《後漢書・方術部》、《藝文類聚・方術部》、《太平御覽・方術部》等，對於術數的分類，皆有差異。古代多把天文、曆譜、及部份數學均歸入術數類，而民間流行亦視傳統醫學作為術數的一環；此外，有些術數與宗教中的方術亦往往難以分開。現代學界則常將各種術數歸納為五大類別：命、卜、相、醫、山，通稱「五術」。

本叢刊在《四庫全書》的分類基礎上，將術數分為九大類別：占筮、星命、相術、堪輿、選擇、三式、讖緯、理數(陰陽五行)、雜術。而未收天文、曆譜、算術、宗教方術、醫學。

術數思想與發展——從術到學，乃至合道

我國術數是由上古的占星、卜蓍、形法等術發展下來的。其中卜蓍之術，是歷經夏商周三代而通過「龜卜、蓍筮」得出卜(卦)辭的一種預測(吉凶成敗)術，之後歸納並結集成書，此即現傳之《易經》。經過春秋戰國至秦漢之際，受到當時諸子百家的影響、儒家的推崇，遂有《易傳》等的出現，原本是卜著術書的《易經》，被提升及解讀成有包涵「天地之道(理)」之學。因此，《易・繫辭傳》曰：「易與天地準，故能彌綸天地之道。」

漢代以後，易學中的陰陽學說，與五行、九宮、干支、氣運、災變、律曆、卦氣、讖緯、天人感應說等相結

合，形成易學中象數系統。而其他原與《易經》本來沒有關係的術數，如占星、形法、選擇，亦漸漸以易理（象數學說）為依歸。《四庫全書・易類小序》云：「術數之興，多在秦漢以後。要其旨，不出乎陰陽五行，生尅制化。實皆《易》之支派，傅以雜說耳。」至此，術數可謂已由「術」發展成「學」。

及至宋代，術數理論與理學中的河圖洛書、太極圖、邵雍先天之學及皇極經世等學說給合，通過術數以演繹理學中「天地中有一太極，萬物中各有一太極」（《朱子語類》）的思想。術數理論不單已發展至十分成熟，而且也從其學理中衍生一些新的方法或理論，如《梅花易數》、《河洛理數》等。

在傳統上，術數功能往往不止於僅僅作為趨吉避凶的方術，及「能彌綸天地之道」的學問，亦有其「修心養性」的功能，「與道合一」（修道）的內涵。《素問・上古天真論》：「上古之人，其知道者，法於陰陽，和於術數。」數之意義，不單是外在的算數、歷數、氣數，而是與理學中同等的「道」、「理」──心性的功能，北宋理氣家邵雍對此多有發揮：「聖人之心，是亦數也」、「萬化萬事生乎心」、「心為太極」。《觀物外篇》：「先天之學，心法也。⋯⋯蓋天地萬物之理，盡在其中矣，心一而不分，則能應萬物。」反過來說，宋代的術數理論，受到當時理學、佛道及宋易影響，認為心性本質上是等同天地之太極。天地萬物氣數規律，能通過內觀自心而有所感知，即是內心也已具備有術數的推演及預測、感知能力；相傳是邵雍所創之《梅花易數》，便是在這樣的背景下誕生。

《易・文言傳》已有「積善之家，必有餘慶；積不善之家，必有餘殃」之說，至漢代流行的災變說及讖緯說，我國數千年來都認為天災，異常天象（自然現象），皆與一國或一地的施政者失德有關；下至家族、個人之盛衰，也都與一族一人之德行修養有關。因此，我國術數中除了吉凶盛衰理數之外，人心的德行修養，也是趨吉避凶的一個關鍵因素。

術數與宗教、修道

在這種思想之下，我國術數不單只是附屬於巫術或宗教行為的方術，又往往已是一種宗教的修煉手段──通過術數，以知陰陽，乃至合陰陽（道）。「其知道者，法於陰陽，和於術數。」例如，「奇門遁甲」術中，即分為「術奇門」與「法奇門」兩大類。「法奇門」中有大量道教中符籙、手印、存想、內煉的內容，是道教內丹外法的一種重要外法修煉體系。甚至在雷法一系的修煉上，亦大量應用了術數內容。此外，相術、堪輿術中也有修煉望氣色的方法；堪輿家除了選擇陰陽宅之吉凶外，也有道教中選擇適合修道環境（法、財、侶、地中的地）的方法，以至通過堪輿術觀察天地山川陰陽之氣，亦成為領悟陰陽金丹大道的一途。

易學體系以外的術數與的少數民族的術數

我國術數中，也有不用或不全用易理作為其理論依據的，如楊雄的《太玄》、司馬光的《潛虛》。也有一些占卜法、雜術不屬於《易經》系統，不過對後世影響較少而已。

外來宗教及少數民族中也有不少雖受漢文化影響（如陰陽、五行、二十八宿等學說）但仍自成系統的術數，如古代的西夏、突厥、吐魯番等占卜及星占術，藏族中有多種藏傳佛教占卜術、苯教占卜術、擇吉術、推命術、相術等；北方少數民族有薩滿教占卜術；不少少數民族如水族、白族、布朗族、佤族、彝族、苗族等，皆有占雞（卦）草卜、雞蛋卜等術，納西族的占星術、占卜術，彝族畢摩的推命術、占卜術…等等，都是屬於《易經》體系以外的術數。相對上，外國傳入的術數以及其理論，對我國術數影響更大。

曆法、推步術與外來術數的影響

我國的術數與曆法的關係非常緊密。早期的術數中，很多是利用星宿或星宿組合的位置（如某星在某州或某宮某度）付予某種吉凶意義，并據之以推演，例如歲星（木星）、月將（某月太陽所躔之宮次）等。不過，由於不同的古代曆法推步的誤差及歲差的問題，若干年後，其術數所用之星辰的位置，已與真實星辰的位置不一樣了；此如歲星（木星），早期的曆法及術數以十二年為一周期（以應地支），與木星真實周期十一點八六年，每幾十年便錯一宮。後來術家又設一「太歲」的假想星體來解決，是歲星運行的相反，週期亦剛好是十二年。而術數中的神煞，很多即是根據太歲的位置而定。又如六壬術中的「月將」，原是立春節氣後太陽躔娵訾之次而稱作「登明亥將」，至宋代，因歲差的關係，要到雨水節氣後太陽才躔娵訾之次，當時沈括提出了修正，但明清時六壬術中「月將」仍然沿用宋代沈括修正的起法沒有再修正。

由於以真實星象周期的推步術是非常繁複，而且古代星象推步術本身亦有不少誤差，大多數術數除依曆書保留了太陽（節氣）、太陰（月相）的簡單宮次計算外，漸漸形成根據干支、日月等的各自起例，以起出其他具有不同含義的眾多假想星象及神煞系統。唐宋以後，我國絕大部份術數都主要沿用這一系統，也出現了不少完全脫離真實星象的術數，如《子平術》、《紫微斗數》、《鐵版神數》等。後來就連一些利用真實星辰位置的術數，如《七政四餘術》及選擇法中的《天星選擇》，也已與假想星象及神煞混合而使用了。

隨着古代外國曆（推步）、術數的傳入，如唐代傳入的印度曆法及術數，元代傳入的回回曆等，其中我國占星術便吸收了印度占星術中羅睺星、計都星等而形成四餘星，又通過阿拉伯占星術而吸收了其中來自希臘、巴比倫占星術的黃道十二宮、四元素學說（地、水、火、風），並與我國傳統的二十八宿、五行說、神煞系統並存而形成《七政四餘術》。此外，一些術數中的北斗星名，不用我國傳統的星名：天樞、天璇、天璣、天權、玉衡、開陽、搖光，而是使用來自印度梵文所譯的：貪狼、巨門、祿存、文曲，廉貞、武曲、破軍等，此明顯是受到唐代從印度傳入的曆法及占星術所影響。如星命術的《紫微斗數》及堪輿術的《撼龍經》等文獻中，其星皆用印度譯名。及至清初《時憲曆》，置潤之法則改用西法「定氣」。清代以後的術數，又作過不少的調整。

術數在古代社會及外國的影響

術數在古代社會中一直扮演着一個非常重要的角色，影響層面不單只是某一階層、某一職業、某一年齡的人，而是上自帝王，下至普通百姓，從出生到死亡，不論是生活上的小事如洗髮、出行等，大事如建房、入伙、出兵等，從個人、家族以至國家，從天文、氣象、地理到人事、軍事，從民俗、學術到宗教，都離不開術數的應用。如古代政府的中欽天監（司天監），除了負責天文、曆法、輿地之外，亦精通其他如星占、選擇、堪輿等術數，除在皇室人員及朝庭中應用外，也定期頒行日書、修定術數，使民間對於天文、日曆用事吉凶及使用其他術數時，有所依從。

在古代，我國的漢族術數，甚至影響遍及西夏、突厥、吐蕃、阿拉伯、印度、東南亞諸國、朝鮮、日本、越南等地，其中朝鮮、日本、越南等國，一至到了民國時期，仍然沿用着我國的多種術數。

術數研究

術數在我國古代社會雖然影響深遠，「是傳統中國理念中的一門科學，從傳統的陰陽、五行、九宮、八卦、河圖、洛書等觀念作大自然的研究。……傳統中國的天文學、數學、煉丹術等，要到上世紀中葉始受世界學者肯定。可是，術數還未受到應得的注意。術數在傳統中國科技史、思想史，文化史、社會史，甚至軍事史都有一定的影響。……更進一步了解術數，我們將更能了解中國歷史的全貌。」（何丙郁《術數、天文與醫學 中國科技史的新視野》，香港城市大學中國文化中心。）

可是術數至今一直不受正統學界所重視，加上術家藏秘自珍，又揚言天機不可洩漏，「(術數)乃吾國科學與哲學融貫而成一種學說，數千年來傳衍嬗變，或隱或現，全賴一二有心人為之繼續維繫，賴以不絕，其中確有學術上研究之價值，非徒癡人說夢，荒誕不經之謂也。其所以至今不能在科學中成立一種地位者，實有數困。蓋古代士大夫階級目醫卜星相為九流之學，多恥道之；而發明諸大師又故為惝恍迷離之辭，以待後人探索；間有一二賢者有所發明，亦秘莫如深，既恐洩天地之秘，複恐譏為旁門左道，始終不肯公開研究，成立一有系統說明之書籍，貽之後世。故居今日而欲研究此種學術，實一極困難之事。」（民國徐樂吾《子平真詮評註》，方重審序）

現存的術數古籍，除極少數是唐、宋、元的版本外，絕大多數是明、清兩代的版本。其內容也主要是明、清兩代流行的術數，唐宋以前的術數及其書籍，大部份均已失傳，只能從史料記載、出土文獻、敦煌遺書中稍窺一麟半爪。

術數版本

坊間術數古籍版本，大多是晚清書坊之翻刻本及民國書賈之重排本，其中豕亥魚魯，或而任意增刪，往往文意全非，以至不能卒讀。現今不論是術數愛好者，還是民俗、史學、社會、文化、版本等學術研究者，要想得一常見術數書籍的善本、原版，已經非常困難，更遑論稿本、鈔本、孤本。在文獻不足及缺乏善本的情況下，要想對術數的源流、理法、及其影響，作全面深入的研究，幾不可能。

有見及此，本叢刊編校小組經多年努力及多方協助，在中國、韓國、日本等地區搜羅了一九四九年以前漢文為主的術數類善本、珍本、鈔本、孤本、稿本、批校本等千餘種，精選出其中最佳版本，以最新數碼技術清理、修復版面，更正明顯的錯訛，部份善本更以原色精印，務求更勝原本，以饗讀者。不過，限於編校小組的水平，版本選擇及考證、文字修正、提要內容等方面，恐有疏漏及舛誤之處，懇請方家不吝指正。

心一堂術數古籍珍本叢刊編校小組

二零零九年七月

《地星會源》《斗數綱要》合刊提要

《地星會源提要》

《地星會源》。原一冊不分卷。綫裝。清何汝樫撰。清同治精鈔本。書中署「鳳尾氏」重訂，疑「鳳尾氏」即作者何汝樫之別字，此本當為著者之稿本。虛白廬藏本。

何汝樫，號嶽慶山樵，生卒年不詳，生活於清代咸豐、同治年間。精易學、術數。著有《牙牌神數》、《地星會源》。

「牙牌神數」是何氏發明的占卜術，是何氏「……山中習靜。觀象繫辭。演為此數。亦以見天地陰陽之理。隨物而寓。吉凶悔吝之機。觸緒皆通。引而伸之。其受命也如響。」將易學象數之理，利用「牙牌」占卜：「以辨吉凶。而定民志。」「謂神物得天地之靈。悉陰陽之更變也」。「牙牌神數」自始成為清末民初很流行的一種占卜術，士大夫中亦爭相傳習，影響深遠。

「紫微斗數」，或稱「飛星紫微斗數」，相傳為宋代陳希夷所創。考明代《續道藏》所載之《紫微斗數》三卷，其內容與後來的《合併十八飛星紫微斗數全集》（明嘉靖序．明版清刷本．虛白廬藏本．心一堂術數古籍珍本叢刊即將整理出版）中的「十八飛星」相同。坊間流行紫微斗數的明清古籍，除《續道藏》所載之《紫微斗數》三卷外，便只有《合併十八飛星紫微斗數全集》及《紫微斗數全書》兩種。

上述三種「紫微斗數」古籍中，即有二種的「紫微斗數」系統，一是今人通常稱為「十八飛星」，或稱「術天機」，另一種即同今天尚流行的星命術「紫微斗數」。然而「紫微斗數」是否由「十八飛星」演變而來，或是二者「紫微斗數」系統是否原是同時并存？在原來坊間流行的三種紫微斗數明清古籍中，在缺乏資料的情況下，一直以來難以得出結論。

不過，按本鈔本中何氏的說法，飛星講〔算〕命，有三種：一是「紫微斗數」（當即上文所述今天尚流行的星命術「紫微斗數」）、一是「小飛星」（當即《續道藏》中的「紫微斗數」（「術天機」），又當同《合併十八飛星紫微斗數全集》中的「十八飛星」。尚有第三種是本書《地星會源》的飛星術。三種當同屬（飛星）「紫微斗數」系統。

《地星會源》當是何氏修訂的一種算命術，也屬紫微斗數系統（飛星講[算]命）。按何氏的說法，「紫微斗數」是「繁而隱」，「小飛星」（「十八飛星」）是「滯而拘」；惟第三種「地星會源」比前二種優勝：「看會合沖破、隨機應變，無不參觀如響，顯而易明，通而不滯。真身命之樞，禍福之準也。」

故此《地星會源》鈔本的出世，我們可知道：

一、「紫微斗數」與「小飛星」（「十八飛星」）二種算命術，至清代咸豐、同治年間，二術是并存。

二、「紫微斗數」系統在清代又名「飛星講〔算〕命」，而且有三種。

三、保存了今天已佚失的「地星會源」算命術。有助於研究清代中後期的算命術。

四、三種「紫微斗數」（飛星）算命術中，何氏認為以本鈔本中的「地星會源」最佳。

而《地星會源》鈔本的出世，并有助於我們了解：

一、《地星會源》中對三種「飛星講（算）命」（「紫微斗數」系統）的比較，有助釐清對「紫微斗數」系統源流、結構、原理的了解。以及三種「飛星講（算）命」（「紫微斗數」系統）的異同，果老星宗和三種「飛星講（算）命」（「紫微斗數」系統）的關係等。

二、通過《地星會源》內容，對今天「紫微斗數」中一些星耀的性質、解釋及用法有注釋及旁通之效。

三、世人皆知何氏的「牙牌神數」，而其另一著作卻已煙沒無聞。《地星會源》鈔本的出現，填補了今人對作者何汝槿除「牙牌神數」以外的空白。

為令此稀見鈔本不致湮沒，特以最新數碼技術清理版面，以原色彩色精印，一以作星命術資料保存珍藏，一以供同道中人參考研究。

《斗數綱要提要》

《斗數綱要》。原一冊不分卷。綫裝。未署撰人姓名。清鈔本。首尾略殘。虛白廬藏本。

「紫微斗數」，或稱「飛星紫微斗數」，相傳為宋代陳希夷所創。考明代《續道藏》所載之《紫微斗數》三卷，其內容與後來的《合併十八飛星紫微斗數全集》(明嘉靖序・明版清刷本・虛白廬藏本・心一堂術數古籍珍本叢刊即將整理出版)中的「十八飛星」相同。坊間流行紫微斗數的明清古籍，除《續道藏》所載之《紫微斗數》三卷外，便只有《合併十八飛星紫微斗數全集》及《紫微斗數全書》兩種。然只有後者兩種，才與今天尚流行的星命術「紫微斗數」同。故此命理的「紫微斗數」古籍，實是極難得。

此本《斗數綱要》，乃摘錄《合併十八飛星紫微斗數全集》及《紫微斗數全書》二書部份，再夾以輯錄者之心得補註。而其中摘錄之文，其字句則或有少許出入，可供對勘之用。讀者不妨多予對照比較，當可收互補長短、觸類旁通之效。

為令此稀見鈔本不致湮沒，特以最新數碼技術清理版面，以原色彩色精印，一以作星命術資料保存珍藏，一以供同道中人參考研究。

埊星會源

嶽慶山樵著手

叙

飛星講命。其說有三。紫微斗數。繁而隱。小飛星論諸星廟旺。滯而拘。嶽慶著會源一書。看會合冲破。隨機應變。無不叅觀如響。顯而易明。通而不滯。真身命之樞。禍福之準也。夫天定勝人。君子則修身以俟之。而人定勝天。君子則盡性以立之。至於衆人。皆知趨吉避凶。亦意從逆之理。可以轉福善禍淫之權。所以問卜信命。先求存心養性可耳。

旹

同治四年冬十月下澣鳳尾氏重訂

於西園書屋之南窗下

起星圖

巳	午	未	申
辰	陰陽男	○年○月○時	酉
卯			戌
寅	丑	子	亥

起星例歌

子守起正向逆行。數至生月安喪門。
異虎血逆喪門後。生年六合弔客星。
破敗從丑刑白酉。起數生月從正行。
順至本月安其位。是為外捍八凶星。
又從未上順數子。遇着生年安龍德。
宮值身命主文學。但分學堂雙單格。
小耗太乙逆相從。卯綬南極挨次布。
大耗紅鸞喜相逢。母倉司庫皆主富。
文昌福澤與福數。是謂經常十二星。

各隨入宮定吉凶。人專從巳發煞貢酉。
順數生時定其宮。起子以來得真地。
諸星得此為總督。每逢凶星化為吉。
辰起左輔戌右弼。起子輔順弼逆行。
遇着生年乃其地。會合三台共八座。
皆主文章及科第。辰起三台戌八座。
台順座逆起正行。數至生月起初一。
若遇生日安其星。

十二宮挨次逆布

一命垣、二財帛、三兄弟、四田宅、五男

女、六奴僕、七妻妾、八疾厄、九遷移、十官祿、十一福德、十二相貌、

一命垣、二妝奩、三妯娌、四田宅、五男女、六奴婢、七夫主、八疾厄、九閨閣、十官誥、十一福德、十二相貌、

女命不喜合多。只一夫主定福澤之基。以妝奩看福。以官誥看貴。小運主母家。中運主夫家。晚運主男女。相夫宜子。乃為佳造。最忌破敗會身、命宮者。非淫即賤。不入身命宮。亦主孤貧。

喪門弔客坐命垣者。主夫家。坐身宮者。主母家。不然性雖情乖張。心術險毒。亦須取會合拱照參看。得異破刑耗更進。遇人囂煞剋可免。遇太乙台座輔弼不貴即德。入夫宮者。夫貴。入子宮者。子貴。對妝奩宮者。母家富貴。

起十二宮歌

喪門宮中起生時。順數至卯安命宮。
但從喪門起初一。不問陰陽男女逆。
二日之半行一宮。數至生日身宮逢。

半日者、以時之前後分、午前屬上日、午後屬下日

起長生法

陽男陰女從命垣順布。陰男陽女從身宮逆布。

一長生、二沐浴、三冠帶、四臨官、五帝旺、六衰、七病、八死、九墓、十絕、十一養、十二胎、

起大運流年法

陽男陰女大運從命垣順數。十年一宮。流年從身宮逆數。一年一宮。陰男

陽女大運從身宮逆數流運從命宮順數

大吉星

人專煞貴為十八星總督吉者逢之吉乃真凶者逢之凶自化坐身命宮者名專煞貂命格一生衣食不缺會合文星主貴會合福星主富

文星如太乙文昌左輔右弼三台八座是也

福星如南極祿數之類

輔弼台座為文明之宿皆緯星也入身命宮主財得文昌太乙貴格也不主功名榮身必主才學出衆女人逢之主伶俐俊俏入夫主宮會合吉曜者必主夫貴會合凶星者多主妨尅男入妻妾宮者必主才貌凡入男女宮者、亦然

吉星入宮得地訣

龍德文昌太乙入身命宮主貴會合喪弔者、貴而必孤得人專煞貴拱照可

免。女命逢之。與台座同。入兄弟、男女、宮、再得吉星會合。必主手足顯榮、受子孫封贈。不宜奴僕宮。若入奴僕宮、非生貳心、即強奴壓主。有人專煞克、拱照可免。

與倉司庫皆財星也。最喜入財帛宮。坐身、命宮亦佳。入田宅宮。主承祖業。入妻妾宮、主因妻致富。或娶勤儉之婦。入男女宮。主有子克家。皆須會合吉星乃準。運限逢之。主生財。入遷移、宮。主生意。
南極主壽。最宜身、命宮。在三合、六合
中亦佳。入田宅宮。主父母年高。入男女
宮。主有子不孤。入妻妾宮。主偕老。
福澤最宜福德宮。官祿莫如祿數逢。
身、命值之皆大吉。一生衣食不受窮。
入官、祿而會合太乙、紅鸞者。身命得
地。又有三台、八座夾照。必能食祿天
家。女人入身、命宮與夫主宮同看。
入妝奩宮。主母家富足。男入妻妾

宮亦主娶富貴之女入兄弟宮主手
足和睦
紅鸞乃和科第之星有喜無憂入身
命宮主貌美心慈會合異破主好色
會合喪弔刑煞大耗主心險妒男女
皆然男入妻妾宮主娶美妻女入
夫主宮必招美夫會合文星主貴運
限逢之名登天榜商賈限必主獲利
入遷移宮而會合太乙主貿易起家
必有貴人扶持垣身宮帶倉庫者更

準。

一凡星遇一宮內者為會。在三合六合

一相沖相對者為合。

凶星入宮訣

喪門弔客是凶星。但主孝服有疾病。

獨有財帛不見凶。怕入田宅合身命。

異曜最忌破敗星。相會之位坐身命。

不得孽殺來會合。失落家業生災病。

入妻妾宮。主要凶悍不正之女。入兄

弟宮。主參商與喪弔同看。女入夫

主宮主乖離不和。入男女宮。主子媳忤逆。會合凶星更甚。得人專煞貪會合可免。入遷移宮。又無吉星會合。不主客喪他鄉。亦主路被盗劫。入官祿福德而身命又無專煞者。貧賤終身。運限逢之。再有喪吊大耗會合。輕則是非、口舌。災殃。重則官司盗賊流亡。白虎最忌男女宮。身命值之性情凶。妻宮值之闔威大。不怕男兇是英雄。入兄弟宮。主損傷。入遷移宮不利夥計。

小耗主散。惟入身命宮。主伶俐。不利

財帛兄弟宮。運限逢之。而無人專煞。

貢管轄。商賈失利。文人落第。女命

不忌。

大耗最忌身命宮。吉星不照壽數終。

大運逢之黃泉限。家業萬貫一場空。

入身命宮者。得人專煞。貢會合。可以

長生。但主性情暴戾。得刑煞果曜吊

容血光拱照。會合。凶惡之人也。入田

宅宮非祖業凋零即父母夭亡入兄弟宮特立孤生得羶煞拱照可免血光最忌疾厄宮會刑煞異曜主殘疾須與相貌宮叅看女人犯之恐有産難會合人羶煞貢僅得半生帷入財帛宮得吉曜者乃可生財

象生時

子午卯酉平長

辰戌丑未長平

寅申巳亥短

地支六合

子丑合　午未合　申巳合　辰酉合
卯戌合　寅亥合

三合

申子辰水局　寅午戌火局　巳酉丑金局　亥卯未木局

六破

子酉　寅巳　辰丑　午卯　申亥
戌未

六害

子未　丑午　寅巳　卯辰　申亥
酉戌

六冲

子午　丑未　寅申　卯酉　辰戌

巳亥

論子息多少

長生四子中旬半　沐浴一雙保吉祥
冠帶臨官三子位　旺中五子自成行
衰中二子病中一　死則至老沒兒郎
絕中定取他人子　入墓之時命夭亡
受氣爲絕一个子　胎字頭旬是姑娘
養中三子只留一　男女宮中仔細詳

論十兇生時

分九刻 子午卯酉頂正 初刻向右歪 末刻向左

分七刻 辰戌丑未双頂 偏中刻正 初刻偏右 末偏左

分八刻 寅申巳亥頂偏 初刻偏右 小中刻偏右大 末刻偏左

子午卯酉面朝天 長臉尖頭頂尖嘴巴

辰戌丑未是覆面 圓臉

寅申巳亥側身[illegible] 四方臉平額頭

不論東西與南北不論動土與動石更無忌地
無忌陰陽無忌一口吹散即時金吾令奉
嘛光聖母急急如律令勅
豆穀不用
先將天井南牆根挖一窩用五色糧貯于內再以磉
四面用泥土培
石壓其上使其與向十字街上取小石七塊回來
交法人來去不許言語不許回頭法人即將小石擺在磉石
上從東順擺之畢用雞三隻香一炷屠
屈草三四根以雞捲之立雞向磉石上喉
轉三次放地下燒紙後用淨水一碗用手掬
着向南站定念咒一遍吸水一口往東噴之

再一遍向南唸再一遍向西再一遍向北再一
遍仍向東共七遍誌畢用綫吊於磉石扣（仍小石插去）
經三日卯揭起金魚

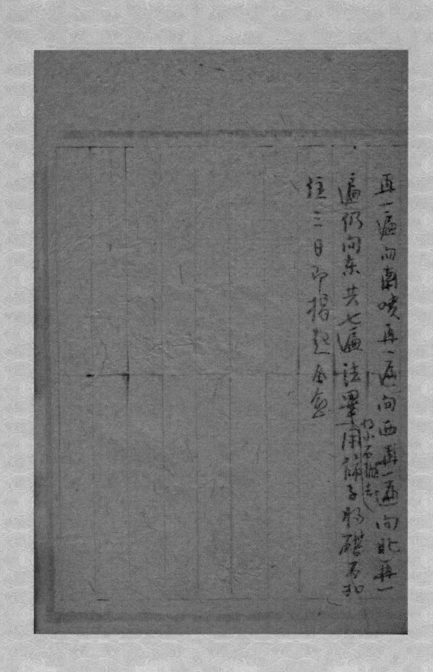

月出定時辰歌

初三先見辰上出（日交辰時月始出） 初六巳上定分明（日交巳時月始出）

初八午上初十未 十三申上行的清

十五酉上十八戌 廿亥上定分明

二十三日子時出 二十六上丑時行

二十八上寅時見 三十就打卯上行

出察再正節覺來

定日出入

正月出卯八刻入酉一刻二月出卯四刻入酉三刻

三月出卯三刻入酉五刻四月出卯初刻入酉八刻

小滿出寅七刻入酉五刻五月出寅七刻入酉一刻

六月出寅七刻入戌一刻七月出卯初刻入酉八刻

八月出卯三刻入酉五刻九月出卯五刻入酉三刻

十月出卯八刻入酉初刻小雪出辰一刻入申八刻

十一月出辰一刻入酉七刻十二月出辰一刻入申七刻

子起本位而求財　犀牛遊月不見來
二虎多災添煩惱　卯起東方喜滿懷
二龍行雨乾打混　若逢巳上得保齊
午馬破巢羊憂喜　逢未日期福事來
猿猴遇之風光美　更雞報曉花重開
戌犬直迎送迎好　野狗帶前哭哀哉

占先用時，從時上起初一，再從日上起子順數，〻至時止，退回一位，安元亨利貞歸宜達道，〻道〻宮落在何宮，即斷吉凶。
假如初二日午時，即從午上起初一，未上即日初二，再從未上起子時順行至午，退後一位，酉上起元道。

字落在拳上，便從拳上定之。

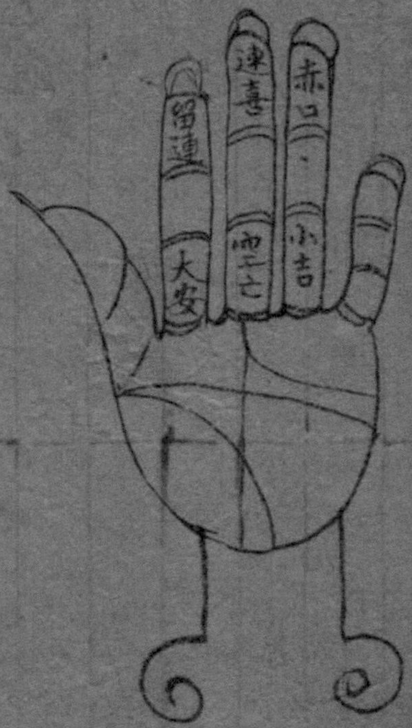

大安事吉昌　求財在坤方　失物去不遠
宅舍保安康　行人身未動　病者未為殃
將重迷回顧　仔細去推詳
留連事難成　求謀日未明　官事只宜緩
去者未回程　失物巽上覓　急討方稱心
更須防口舌　人口宜平平
速喜喜來臨　求財離上尋　失物申午未
逢人路上尋　官事有福德　病者無禍侵
田宅六畜吉　行人有信音
赤口主口舌　官非須防　失物急去討

行人有驚慌　雞犬多妖怪　病者出坤方
更須防盜賊　切忌染瘟瘴
小吉卦最吉昌　路上好商量　陰人來報喜
失物在坤方　行人立便至　交關最是強
此卦皆宜合　病者禱上蒼
空亡卦不長　陰人少乖張　求財無信息
行人有災殃　失物在土裡　官事有死亡
病人逢暗鬼　解願保安康

同[illegible]會 天府居午戌[illegible]

府相朝垣千鍾食祿。命寅申，府相在財宮官福宮，朝垣上格，財宮為之

天府祿存昌曲，巨萬之資。天府昌曲左右，高第恩榮。

天府武曲居財宅，更兼權祿富貴翁。逢左右祿存，亦吉。

天相

廟子丑寅申 地巳未亥 陷卯酉

天相廉貞羊月夾，多招刑杖難逃。終身不美，孤獨，只宜僧道。

天相之星女命纏，必生貴子及夫賢。女命巳宮子宮申是午宮，庚生戌宮，俱是貴格

右弼天相福來臨。女命天相右弼，福宮子宮，癸生人寅宮，癸己生人酉宮申，庚癸生人，俱是貴格，丑未亥宮不貴，子午卯酉亦多福。

天梁

廟子寅辰午 旺丑未 地戌卯 陷申巳亥

天梁月曜女命淫貧。梁巳亥，陰寅申，主淫泆，不惜衣祿遂。

畛陷下賤。天梁守照吉相逢，平生福壽。（左午位極佳）天梁居午位，官資清顯朝堂。（丁己癸人合格）梁同機陰寅申位，一生吏業聰明。（吉論，多人）梁同巳亥，男多浪蕩女多淫。（加刑忌祿憂多下賤）天梁太陽昌祿會，臚傳第一名。天梁之酉居廟旺位，至台閣。梁宿太陰，卻作飄蓬之客。（梁居酉，陰居巳是）天梁天馬，為人飄蕩風流。天梁加吉坐遷移，巨商高賈。（加刑愚遷平常）

廿一

天同

天同　廟（卯巳亥）　旺（申子）　陷（丑未酉午）

天同會吉壽元長。天同太陰陷地，加羊重，技藝之流黃。同會火羊陀居午位，丙戊鎮禦邊疆。（為馬頭帶箭，富且貴）

天同戌化忌。丁人命逢反為佳。（指丙辛人命中吉，己亥逢化忌羊忌論。）女命天同必是賤。（子生人命，丁人命亦論。）

△天機 廟子午 辰戌 旺卯酉 陷丑未

機梁会合善談兵。居戌亦為美論。（有機梁）遇子遷移戌宮。

機梁守命加吉曜。富貴慈祥。（加刑忌主常道。）機梁同照身命偏宜僧道。（機同卑宮，身又逢空亡。）

機梁七殺破軍沖。羽客僧流命該逢。（加四煞孝者亦吉。）

機陰同梁作吏人。（遇空為下格。）（命主寅申方論，如吉亦不為，是王上之人。）

機梁貪陰同來会。（男多）夜經商客服體。（逢凶星孝服。）

天機加惡同狗偷鼠竊。天機巳宮酉上逢。好飲離宗奸狡帝。巨倍天機為破格。（女命寅申宮，申宮亦不免淫賤。）

△太陽廟卯午 旺寅辰巳 陷戌亥子丑

日照雷门于辰卯地，一生富貴声名揚。太陽居午庚辛丁己人命富貴双全。太陽昌曲在官祿，皇殿朝班。太陽化忌是非日有目疾。日落未申在命位，為人先勤後懶。女命端正太陽星，早配賢貴夫，信可期。寅辰子守命吉，為平常，居卯辰巳午未旺夫

△太陰廟亥子 旺酉戌 陷寅辰卯巳午

太陰居子，丙丁富貴忠孝良。亥辰生人合局。妻宮嬋宮折桂。文昌同宮照，在身命巧藝之人。太陰同文曲于妻宮，蟾宮折桂。太陰武曲祿存同左右相逢富貴翁。太陰羊陀必主人離財散。月朗天门于亥地，登青雲掌職大權。子生人辰時生，命居亥宮。

陰耀天梁女淫賤而且貧（太陰寅申巳亥主淫賤或偏房侍妾若昌曲于夫宮必亂聲名之人）

太陽太陰提綱

日巳月酉丑安命，奇嬉宮。日卯月亥安命未宮，多祈材。

日月同未命安丑，便伺之材。日月身命居丑未，三方合吉，

反為凶（子午辰戌守命更佳）。日月守命不如照，合並明（守命主身主吉凶，多主凶妙吉[illegible]）

為美。日辰月戌並爭耀，權祿非淺。日月夾命夾財加吉耀，

不權則富（加羊陀沖遷宜傳）。日月最嫌反背（或日月同宮有人之生時日宜太陰，夜生宜太陰吉，反背日戌月辰日）

亥月巳日子月午喜出外，青宗成家亦吉，白椒以反背論。

陰阳左右合為佳。日月羊陀多剋親。日月陷宮遭忌奔劳。

禄奔波。日月更兼會貪杀，男多奸[illegible]。日月疾厄命宮空

馳目鼓。以日月在疾厄宮逢羊陀主瞎馳目鼓，命宮亦然。

文昌廟酉丑巳　地申子辰　陷寅午戌

文昌武曲為人多學多能。四墓卯酉巳亥身命。論三合科權祿。文科拱照。

賈誼年少登科。論三方。左右昌曲位至三台。文昌武曲于

身命。文武兼備。謝寶之命是也。

文曲廟丑子辰巳酉　旺未亥卯　陷午戌

二曲朝命逢左右將相之格。文曲宜卯酉，武曲宜四墓。二曲旺宮威名赫

奕。文曲子宮第一，卯酉宮次之；武曲辰宮第一，丑未宮次之。二曲貪狼午丑限。

防溺水之憂。

文昌文曲

。。陷於申己亥主淫賤偏斜傷殘

昌曲夾命最為奇（命在丑，昌寅曲子。）昌曲臨于丑未時（丑未，）

卯酉近天顏（貴，宜丑未，卯酉亦吉，丑未宮丑安命。雖在命宮化忌亦言論。）昌曲巳亥臨不貴即

當大富。昌曲吉星居非法，謂三合鑾天（貴，不宜得。）昌曲陷

宮凶殺破，虛譽之隆（凶殺即羊陀空劫。）昌曲陷于天傷，顏回夭折。

（命宮坐卯羊陀得運，又未羊陀逢作前論，二限俱到命坐亥戌大二星凶。）昌曲己辛壬生人，限逢戌虛投河（出入廟吉大凶。）

謹（雖宮昌宮廟個子，辰申二宮貴矣。）昌曲廉貞于巳亥，遭刑不善且虛

昌曲祿存尤為奇特。昌曲破軍

臨寅卯，未羊刃破，定奔波。昌曲左右會羊陀，當生異痣。

女命昌曲聰明富貴只多淫。

武曲 廟（戌丑未辰）旺（子午）平（巳亥）無陷

武曲朝垣，威名赫奕。丑戌辰未生人，坐命在辰戌丑未宮，為四墓。若但依辰戌丑未俠之。武曲破軍相遇昌曲，遂聰明巧藝定無窮。武曲破軍天相同垣遇昌曲。武曲祿馬交馳，發財遠郡。武曲魁鉞居廟旺，財賦之官。

武曲迁移，巨商高賈。吉方論。武曲貪狼財宅位，橫發資財。武曲廉貞貪，便作經商。武貪加吉忌，巧藝。武曲破軍，破祖破家勞祿。武曲破貞于卯地，木壓雷驚。武曲劫殺會羊，因財持刀。武曲羊陀兼火宿，喪門命因財。武曲之星為寡宿。夫星孤，婦奪夫權方免刑剋，或兩剛相敵，必有生離。

貪狼

廟辰未戌 旺子午 陷巳亥

貪狼遇火，合四墓宮，豪家富貴，侯伯貴。貪火在旺宮，貴之極，俱以論吉。

[illegible]

貪狼入廟壽元長。貪狼会祿為吉曜。屠宰之人。
貪狼子午卯酉。鼠竊狗偷。終身不能有為。申子辰人命在子宮富貴人。
命在午宮。亥卯未人命在卯宮。巳酉丑人命在酉宮是也。貪狼加吉坐長生。壽高考永如彭
祖。寅午戌生人命生寅未申金。貪狼巳亥加羊陀為屠戶。亦遭刑。亥子年不久。貪武同
行。發景邊夷神服。三十年後方發，墓命武曲守照。辰戌亦佳，丑未次之。貪狼先貧而後富。遇吉發貴。
貪武申宮為下格。亦為下格論。貪狼陷祿同鄉。女偷香男鼠竊。貪狼
四生四墓宮。破軍居茶百工通。貪武同宮身暴吉。命反不長。主殘。貪
武破暴吉曜。遇花患酒以亡身。武作巧藝。貪狼同祿会機梁。貪財是廉
作經商。貪廉同度。男浪蕩女淫。貪遇羊陀擁亥子為屠。
泛水桃花。主酒色有吉則吉。貪陀在寅宮。號曰風流彩杖。主淫。女命貪狼多

蟻辰（庚辛子巳午陀為貧 遇祿馬尤美）

廉貞廟 寅申 利 辰戌 丑未 陷 巳亥

廉貞申未宮無殺富貴揚聲名（雄宮朝元格 加殺平常） 廉貞卯酉宮加殺

公胥無面官人（武巧藝） 廉貞巳暗吉更貪婪 廉貪破遇武曲

遷移作是殺（亦是之地） 廉貞七殺居廟旺反為積富之人（殺居午亥振富 或在官祿亦）

廉破火居陷地自縊投河 廉殺居巳亥流蕩天涯 仲由猛烈 廉

貞入廟遇將軍（甲人命寅 乙人命申 辛人命卯 癸人命申 丙巳人命亥 酉戌人命寅 子巳人命寅 庚人命亥）

廉貞四殺遭刑戮（某命逢羊陀火鈴是也） 廉貞白虎刑杖難逃（流年白虎在命宮 限身宮亦是）

遭官災 廉貞破殺會遷移死于外道 廉貞羊殺居官祿枷

杻難逃 廉貞女命主清白（甲乙庚寅安命申酉辛壬安命巳亥 卯巳午亥安命辰戌是反賤）

巨門廟卯寅申酉，旺子丑午亥，平辰巳未戌

巨門寅宮立命中，先馳名而後食祿。巨門太陽命宮寅位，食祿馳名。巨陽申宮立命寅，馳名食祿。巨門子午科權祿，石中隱玉，福興隆。（富貴辛癸人上格，丁己人次之，丙戊主困。）巨在亥宮日命巳，食祿馳名。（巨在巳日命亥，辰戌不為佳。）巨門日拱照，亦為壽。（如太陽居午宮巨門在戌宮是也，主貴壽。）巨機居卯，乙辛己丙至公卿。（不要卯宮中人平常有吉祿在寅卯宮有四殺故也。）巨機酉上化吉者，縱有財官也不終。（如財官多主貴巨宮，如火忌加忌凶。）巨門辰宮化忌，辛人命逢反為壽。巨機丑未，為下格。巨門陀羅必生異痣。巨門羊陀於身命，疾厄羸黃困弱盜而娼。巨門四殺陷而凶。巨火羊陀逢惡限，防盜死投河。巨火鈴星逢惡限，死于外道。巨宿天机為破蕩（女命巳机于卯酉宮淫，不免淫泆。陷地下賤。）

七煞

廟（丑寅未申戌）旺（子午卯酉）平（巳亥）無陷

七杀寅申子午，一生爵祿榮昌。（七杀朝斗格。）七杀破軍專依羊令之虐。七杀廉貞同位，路上埋屍。（命執于丑未逢之，陷地加忌惡死凶。）七杀破軍宜出外，諸般手藝不能精。杀臨身命，流年刑忌災傷逢。宗相祿居可解。杀臨絶地，会羊陀，顏回夭折。七杀重逢四杀，腰駝背曲，陣中亡。（杀孤居寅主陣亡，又有疾危。）七杀火羊，貧且賤，屠宰之人。（七杀羊陀会生鄉為屠宰。）七杀羊令流年白虎，刑戮災迍。七杀流年二宮，背離鄉遠配。（家限值刑。）七杀守照家限羊，身午生人命坐卯酉宮，主凶亡。（餘宮亦忌。命限三合有杀流年羊。）剋命。卯七杀辛逢申酉宮忌。

七殺沉吟福不榮（男有病殃，女多吐祷）七殺臨身終是夭 七殺單居

福德。女人切忌殘無疑

破軍

破軍廟（子午）旺（辰戌丑未）陷（寅申）

破軍子午宮無殺，官資清顯至三公（甲癸人合格，丁己未次之，丙戊生人主困。）

破軍貪狼逢祿馬，男多浪蕩女多淫。破軍暗巨同

鄉水中作塚（破軍巨不同垣，恐照命宮或遷移宮。）

一曜性難明（男女命論）破軍羊會官祿傍，到处乞求（又貪狼在子午卯酉，此看貪狼內註。）破軍火鈴奔波勞碌 破軍

△羊刃鈴星 廟（辰戌丑未）旺（子申寅亥）陷（卯巳午）

羊刃入廟富貴聲揚（四墓吉方論）羊火同宮威權壓眾（辰戌上佳，丑未次之。）

羊陀火鈴守身命，腰駝背曲之人。羊刃子午卯酉非夭折

而刑傷（午戌卯戌子午酉戌亥之。馬頭帶箭，吉多凶少。）羊刃逢力士，李廣難封。（甲人命卯，丙人命午，庚人命酉主。）

人命子吉多，午寅加來刻凶。羊陀火鈴逢吉發財，凶則忌。羊入金堂命，流年

宮辰戌火傷（流年太歲刻命宮。）羊刃對守在酉宮，紫遇羊陀庚命凶。

錢宮只忌命宮羊陀，流年又逢羊陀為達傷。羊陀夾忌為敗局（化忌在命，祿存只在命是也。無吉星主孤貧，魁刑災殃。）

羊陀流年金殺回宮斑痕。羊刃火星為下格。羊刃會逢。

流年白虎頭身，紫限當羊逢。

陀羅

陀羅廟（辰戌丑未）地（子午）陷（卯酉）

陀羅寅申巳亥，非夭折而刑傷。（此命多主離祖出外，賤疾不吉，主人能暇。）

火星

火星廟（寅午戌）地（巳酉丑）陷（申子辰）

火鈴相遇，名振諸邦。火鈴夾命為敗局。（命逢化忌夾方…）

鈴星廟（寅卯午戌）地（辰巳未申）陷（子丑酉亥）

火鈴旺宮亦為福論。羊刃火鈴為下格。（安命旺宮高可，陷地下賤，官殘夭折。）

天魁天越（如吉方湊三合夾之，身命居上。平常只宜僧道。雖壽為居命宮亦吉。）

魁越夾命為壽格。魁越身命多折桂。

魁鉞昌曲祿存扶。刑忌來沖亦輔貴。（加忌。）

魁鉞重逢來湊痼瘵。（若為羊鈴空劫。）魁鉞輔星為福壽。

左輔右弼

左右昌曲位至台輔。（生時是也，不要卯宮。）左右夾命為貴格。（安命在丑，左在子，右在寅，四七月、十二月生是也。）

右弼左輔終身福厚。（在命宮，三方照之。）

左右同宮披羅衣紫。（辰戌安命。）正月七月生者，丑安命。九月生者。

未安命。四月生戌。卯亥安命。六月十二月生戌。三方匀端。

左右单守命。少離宗庶出。多有春正星遇三合 必宗庶相吉。左右貞羊

逢刑盜。左右昌曲逢羊陀。當生瞎瘵。左右魁鉞守命。

主福壽。安命旺夫蓋子 諸宮亦吉。右弼天相福來臨。諸宮降福。主本宮三宮不 紫微等不久遠。即為吉慶。

若卯酉二限宮少福更逢凶。

祿存

十二宮中皆入廟

祿存守于財宅。祿玉堆金。在命亦可喜。化祿同 科權尤好。祿居子午位遷

移身命逢之利祿宜。明祿暗祿。位至三公卿。

双祿重逢。終身福厚。祿逢冲破。吉地成凶。双祿守命。富居

專權。祿居重慶多衣食。諸宮降福。起家富貴。文人

嫁夫倡妓見旺財

△天馬 祿馬最喜交馳 忌見截空火截路空 亡多主勞苦 馬遇空亡終身奔走

天馬四生妻宮富貴遷官封贈

△祿權科

祿權科命富貴双全 祿存亦是祿 祿合祿存富貴 權合武曲巨門威

不美際吉亦佳 祿權命逢兼合吉 權科合魁鉞貴聯在命宮極佳 三方次吉 凶多亦 威權壓眾相王朝 權祿

重逢財官双美 論三合吉多方論 凶多亦不美 科命權朝登庸甲第 權祿科全尤佳

活祿子午位遷移 夫子文章冠世 遷移在子午宮爲對面朝天 亦 命未坐但遇午宮合吉格宮要

看吉凶 科權祿夾命爲貴格 權祿重逢采薦 虛譽之隆

科名陷于凶神 苗而不秀 如日或月卯化科陷地又加羊陀知此

祿存纏于弱地，命不主財。权祿守財福之位，處世榮華。

科祿吉星双作位，縱無官貴也奔波。

△劫空。

劫空夾命為敗局。紫限到此亦為夾忌亦凶。主孤貧剋傷。

劫空臨限，楚王喪國；綠珠亡。生處劫空，猶如半天折翅。

劫空臨財福之地，出來貧賤。

△傷使。

天傷加惡曜，仲尼絕糧；鄧通亡。二夾命凶。劫[illegible]。限是也。

六夾吉。[illegible]。是[illegible]也。

△命宮

命逢吉曜，若吉福居，亦難凶。身命有吉星，若逢大小二限不利，未為凶，亦[illegible]。貴二限逢凶，方見存生敗之方凶。

限逢惡煞，柳絮桃花而易謝。命逢凶，遇廟旺能救，遇限凶。凶星陷者凶。

命實運生，如早苗而得雨。如命限平常，三方有吉星，二限扶持，貴顯。

命衰逢弱，好嫩草而遭霜和雨。命逢凶星，限又逢煞星凶。

論納音

納音墓庫看何宮（如水生人庫辰不為害）逢財官或祿存尤妙。

逢遷移耗來同生，逢敗地發也處花（如在納音水土長生在申，申金星君本宮

之主，如安命在酉敗地，又逢吉星）絕處逢花而不敗（如水土絕地在巳宮

忌耗來凶，乃福存吉。

命在巳為絕地，如金星在巳，

生水不絕，若住得祿同吉。）

与歲君火乃流年太歲不曰君　与諸凶星相逢，皆与不祿忌。

与大小二限相爭，少大限逢紫府左右昌曲魁鉞吉星

扶救災少，亦防六畜死失。若逢四殺空劫傷便財破

身亡，女命主産難。

太歲宮中便起正逆回數至生月分本回順起子時係
生時到需安斗君。斗君正月初一日管事，逢吉敢吉，
逢凶敢凶。若太歲二限美，若斗君正月初一日值在某宮
過度逢凶煞主其年有所失，災病官非，依月限數之。
凡人命有巨陽紫府守照，主人安分，有仁義，無私曲，
不肯妄求，為士為官清潔。如逢陰貪同煞忌，心多机
關，經商貪財。
△如南斗人天同天梁坐命廟旺，主福壽；北斗人紫武
破貪坐命旺宮，主壽。
△文昌朝命格

文昌文曲最榮華，值此必生富貴家，更得三方吉星拱，却從錦上又添花。

凡人寅申巳亥安命，或辰戌丑未遇有貪狼武曲在命，化忌加煞，必作細巧藝術之人。

科权禄貴格

禄权同劫命中逢，入相王家贊聖功，迎合权星並吉曜，富貴列三公。

偏空人盜賊命

命逢破耗与貪貞，七煞三合照及身，武曲更居遷移位，一生面背刺痕新。

論諸星入男女命吉凶訣

紫微

土北斗化帝座為官祿主入面紫色或白清腰背肥滿為人忠厚耿直其威制七殺降火鈴與府左右昌曲日月祿馬三合極吉辰祿弟權巴富大貴與祿存同奇特不入廟亦左右為孤君亦清閑僧道與破軍同為胥吏與羊陀火鈴沖合吉多亦變財產人吉女命会吉星亦旺夫益子男命逢七殺主壽不長加火鈴主孤紫微辰戌遇破軍主富若遇貪狼在卯酉主為臣不忠女命紫府在夫宮加吉星主封贈 紫微在命垣吉星臨福祿全若三合有破軍貪狼主有貼為傷之事 子宮丁巳生人合格

壬癸人不耐久。 午宮入廟甲乙丁人合格。丙戊人帶疾。
卯酉宮旺貪狼同。乙庚人貴。甲人不宜。 寅申垣天府同。
甲庚丁己人財。 己亥旺七殺同。乙戊人財。 辰戌得地天
相同。乙己甲庚癸人財。 丑未廟破軍同甲庚丁己乙壬人
財。

天機

天機 木 南斗化善。為兄弟。入廟主人身肥性急心慈。男命
逢太陽太陰天梁合。主進田莊。逢科權祿。官主高遷。女
命如太陰同。主巧容。衣祿奉從。不美。為娼為妾。主淫。逢權
祿主貴。入限逢祿權科。主有為發財。逢羊陀巨门主凶。
逢天梁會善蔭兵。乙丙丁生人逢之入廟化吉。左右昌曲

太陰魁鉞湊命，生於巳酉丑亥卯未宮，權祿不小。子午入廟，丁己癸甲庚壬人合格。加巨門羊陀忌，巳酉丑亥為下局，孤寡。雖財官亦不耐久，只宜從商巧藝之人。女命入廟，性剛，助夫益子。若梁蔭巨羊火忌沖，則淫孤賤。

天機化忌落閑宮，主財田退敗，飄蓬僧道。

太陽

火南北斗化貴，為官祿主。入廟形貌堂堂，雄壯，面方圓。夜生陷，日生廟旺。心慈，好施。鉞祿陰守照，官祿財官双美。遇左右昌曲主富貴。身逢青髮，寄人門下客。若庚生人命坐卯宮者，第一廟，謂以金次之。命在亥申生人不廟，否則夭壽貧賤。豈癸不入廟旺，終身富貴。陷地甚化祿權也，山官祿亦不顯。

成敗不一。出外離祖可吉。忌羊陀沖破又陷下局。若經巧藝。
辛苦勞力而禍輕。逆坐殺加凶桑禁疾。化忌目疾。
女命入廟吉。加羊陀火鈴凶。亦貞婦。僧道亦清潔。
入限最吉。逢祿主橫事家餘任。子宮七殺加廟商殺忌月化忌孤操 破財入命主美多妻殺陷地辛
苦反背撥者殺夫子作偏房

武曲

金。北斗化財。為財帛主。武性剛直果決。心直。入廟與昌曲同。
出將入相。文人多學。遇貪火化吉。為工藝。丙丁庚辛壬癸生
權與府相梁陰福馬合主貴。西北生人為富。東南生人平常。陷
地巧藝之人。及僧道。遇廉破羊忌。空劫為下局。女命廟主
貴。陷下賤孤獨不正。逢左右祿存主富貴。遇將星主性異常。

衣祿終有破。壽夭。男命化权主富壽。耗煞冲破。主財散。子午旺天府同丁己庚生人財官格。卯酉同羊飞煞同乙辛生人財格。巳亥平和破軍同壬戊人財格。辰戌廟乙甲人財官格。丑未廟貪狼同戊辛人財官格。寅旺申陷坦巨门同丁己庚人財官格。巳旺財格。亥陷遇煞孤窮。丑陷未陷地辰旺俱財格。戊陷反背孤寡。

天同

水南斗化富。爲富法入廟主人清明仁慈敢直。遇羊陀於忌冲破。剋孤单。破相目疾。男命主性温和喜慶。遇机梁陰只好空门度歲。女命主財祿足。流年遇陷地防恶煞不美。天同在亥庚生人下格。子旺午陷丁己癸辛人財

格。卯酉平和乙丙辛人財官格。寅利申旺天梁同乙甲丁
生人福厚。己辛廟丙戊人財官格。辰戌平和丙丁人利
逢庚癸人福。丑未不陷巨门同乙壬甲丙辛庚生人財官
格。与天梁左右會丙生合己亥酉宮安命財官双美。未宮
次之。午陷丁生人宜之。女命會吉星作命婦旺夫益子。若
居己亥豈美而淫。

廉貞

此北斗化次桃花殺因星為官祿主。為人身長體壯。
眼露神光。眉丰口大。男命入廟者吉。陷則腰足之疾。
女命喜煞沖破者妻。逢坐破失節。主刑夫剋子。只好偏
居卯妻宮。入廟武職。遇府相左右有威权。祿存同

富貴。昌曲七殺同主武功。占羊機同是非日有。
破火同。狗偷狼心。巳亥為宮業祖孤單。巧藝僧道之
流。六甲生人命坐巳亥殺上格。丁巳人次之。六丙坐子午卯
酉宮橫發橫破不久。六甲生四墓宮財官格。丙戊人有
成敗招非。巧昌曲忌星同在巳亥宮。六丙生人有禍。六甲生
亦不宜。未申生人在未申宮化祿逢吉主富貴。該宮遇
羊陀火忌沖破主殘疾。女人三合吉拱主封贈旺夫益子。
入廟昊來沖亦吉。子午平和天相同。丁己甲人財官格。
卯酉平和破軍同。乙辛癸生人吉。寅宮平和。己庚己
合為貴。申宮入廟甲庚戊丙人為貴。丑未宮利益。七殺

同吉 辰戌利益天府同甲庚人財官格 己亥宮陷甲乙
丙戊人福不久 入限遇旺宮主財積 遇破貪主膿血之疾

天

天府於南斗化金星為財帛主 人面方圓 容紅齒白 心性溫和聰
明 男命天府遇權祿魁昌左右相會 諸凡振旺上九重 火鈴羊陀
三合會為人奸詐多勞碌 空劫同垣不為佳 在空門僧道亦宜
孤 入女命宮身宮主性格聰明 旺祿容顏 三合紫微照 金冠霞
帔受皇封 加火鈴羊陀性格庸常 宜空門為尼 入限最喜
遇祿權科更佳 命坐寅午戌亥卯未 巳生人權貴 若巳
酉丑宮 乙丙戊辛人文武全財官格 寅卯未辰酉上安命
坎不貴 先大滯小 有婚無終 入女命清白機巧 遇紫左右同垣

作命姉。子午旺武曲同，丁己癸人為富。丙旺卯酉己丙辛人財官格。寅申得地紫微同，丁己人為福。辰戌廟廉貞同甲壬庚人財官格。丑未廟加吉財官格。巳亥陷地乙丙戊辛人財官格。

太陰

太陰水南北斗化富為母宿妻星為田宅主人面方清秀花酒文章。男命開戌亥為陷地尤擅名顯入廟化權高俊清秀。寅上樣昌曲陰逢不美男為僕女為妓加煞冲富貴雙全在身命陷中亦不喜三合惡殺侵尅夫夭壽入限財產婚姻逢火鈴主官災限至太陰反背同不喜羊陀三煞。陷地化吉祥權祿反凶出外離宗吉逢羊陀火鈴。酒色不賤夭折。喜六壬戊生人。在亥卯未安命合局。乙庚戊人亥宮安命上格。丁人次之。六乙合格。六丁六戊化祿权科吉。女命逢太陽入廟封贈。陷地魁夭子妾妓之流。子丑寅入廟丁戊人為吉。卯辰巳陷乙壬戊人孤寒不耐久。午陷未申利墓丁庚甲人財官格。酉戌亥廟丙丁人財官格。吉星聚大貴。

貪狼木北斗桃煞。入廟主人身長。陷形小聲高。而心不常心多計作事急。男命四墓宮中主福。加火星主有名。若同羊陀煞必窮。武破廉貞同煞主人百藝材能。好花酒賭賻。加羊陀忌孤貧破相殘疾有斑痕疤入廟多居武藝之中。逢火鈴喜戊己生人合局。不喜一六癸生人不耐久。女命平常。陷地傷夫尅子。不正多為娼婢僧道亦不清潔。四墓宮中吉。陷尅害良人及男子女子午宮旺丁己人為福。丙戊庚寅申人不同。卯酉利益紫微火星同主貴。乙辛己人財格。丑未入廟武曲同火星戊己庚生人貴格。辰戌入廟戊己人官格。巳亥陷廉貞同丙戊壬為福。不耐久。運限逢科权主當年發財。逢火星更吉。陷地三合吉曜。災可免。無吉曜夭死。

△巨門　北斗化暗。主是非。入廟身長敦厚清秀。不入廟五短瘦小。作事進退疑惑。多學。主奔波勞碌。男命巨

门子午二宫逢，命中得遇以為榮。三合化貴祿权科，官高
極品衣紫袍。此星化祿不宜逢，要会凶星，愈肆凶，匿屠有
傷。盡惟猶，若與入廟可和平。 巨门守命遇羊陀火鈴逢
之事不諧，為人性急多顛倒，百事混乱主張。 女命巨门
宜在旺地，左右臨之有壽，且貴。遇陥主淫，為倡女偏房夭
壽。入限遇权祿可成，官榮口舌，遇忌遇陥主喪，可官災。
女命入廟，六癸六辛生人享福，陥地傷夫剋子，丁人遇極淫。
此星在女命，多有瑕疵。 子午宮旺，丁己癸辛生人為福，
丙戊生人主困。卯酉入廟，乙辛生人財福，丁戊生人有成敗。
寅申入廟，太阳同，甲庚癸辛生人財官福。 辰戌和平。

癸辛人貴丁人困。丑未不同犯癸辛丙生人合財官格。
己亥旺癸己人合財官格。巨門最喜左右祿存。己癸辛生人
坐子卯合局。六庚六丁生人辰戌安命却不富貴。
子午安命丙戊生人合孤寡夭折。六甲生人羊刃同人廟在卯
宮非破局。在子午宮于身命為孤中隱王格。更会祿權科
為福尊。会魁机羊陀。若不夭折。男盜女娼。

天相

水命羊化印。為官祿。主人貌相敦厚清白。好酒貪花祿豈
足。紫府日月昌曲加会。位至公。武破羊陀同行。主巧藝。加火鈴
巨机刑刑傷不善係。天相又能化廉貞之惡。
女命入廟溫和。衣祿遂心。得適六吉。遇破軍羊陀火鈴主孤。

最忌入限天相之星散主財帛臨二限忌羊火動作謀為
皆遂意優游享福自然來天相之星有幾般三方不喜
忌星纏空劫羊陀並相会口舌官災禍亦逢 天相限臨遇擎
羊作災殃不可當更有火鈴來湊 致殺命入泉鄉
子午廟廉貞同丁己癸甲生人合局 卯酉留宮己辛生人吉
[illegible]
甲庚人主困 寅申入廟武曲同丁甲庚人合格 己亥陷地甫伐
壬寅人為福

天梁

主南斗化蔭主壽 性並居清秀聰明正直心好施濟有壽 巧
天機同行居論苑善談兵左右昌曲嘉会則出將入相
要入廟才富貴陷地遇火鈴羊破局則為下賤孤寒夭折

逢天機耗柔和清閑僧道受制誅。六壬生人亥卯未安命性豪美。女命入廟亦淫賤。子午入廟丁己癸生人合富格。卯入廟酉陷地太陰同乙壬辛生人好官格。寅廟申陷天同同丁己甲庚生人入格。辰戌廟天機同子巳壬庚人入格。丑未廟壬乙生人入格。戊己生人大案。入限逢吉星吉。逢火羊鈴死亡。

七殺

性剛南斗將星。遇帝為權。餘宮逢殺主人目大性急。喜怒不常。廟旺有智謀。逢紫微掌生殺之權。武職。加左右昌曲會合。位至極品。落空亡。喜威力。逢凶曜孤生。剛宮為屠宰。會刑囚傷殘。安命寅亥子申宮。丁己生人合局。辰宮，庚人吉。若坐子午寅申宮。卻不喜壬庚。午戌六丙。戊申辛羊陀火鈴沖会。又在陷地殘疾下局。雖富貴不久。女命入廟加权祿。旺夫益子。陷地遇羊陀刑剋下賤。子午旺丁己甲生人合格。卯酉旺武曲同乙辛生人福厚。寅申入廟甲庚丁己生人合格。丑未入廟廉貞同加吉星財格。巳亥宮和羊空劫同丙戊生人福厚。辰戌入廟加吉星合格。入男命若居陷地无吉制伏。主少年雲死。遇羊陀沖照苦不傷肢體。必是空門僧道。入女命主性急不良。只好偏房使婢。入限遇惡曜。有官災。主啾唧。作事艱難。經有失。

破軍

屬水北斗化耗星。主妻子奴婢。主人[illegible]乏權。背殺局。腰軒。性剛寡合。爭強。棄祖離宗。好技爲捕獵。喜兇。

微有威權。天梁天府能其刑忌。文曲同。一生貪士。更入水
御。殘疾。道富貴不多。夭折。六癸甲生人坐子午宮吉。位至三
公。若丙戊寅申生人。坐子午則孤單殘疾。若富貴不久。
殘疾夭折。丙戊生人坐辰戌丑未。紫微同垣。富貴不小。遇廉
貞羊火鈴子陷宮。爭鬥疾病。僧道宜之。女命入廟有權祿。
陷地加煞。下賤淫慾。　子午庚丁己癸人福厚。丙戊人主困。
卯酉宮陷廉貞同。乙辛癸人刑。甲庚丙人不耐久。　辰戌旺。
甲癸庚生人為福。　寅申宮陷地。甲庚丁己人入格。　丑未旺
紫微同丙戊乙生人入格。　乙辛和羊武曲同丙戊生人福
厚。　入男命逢七殺貪狼主英雄。貴人遇文昌左右入相。

廢人巨莊田加杀破祖離鄉。入女命旺夫益子。逢羊陀加陷為凶魁。害良人不淺。淺教悲苦。廢朝暮。入限逢文昌辮鐵言。若陷加煞防破耗。妻子喪亡。女命主孝服。產男難。

文昌

金南北斗乃文魁星。主人眉清目秀。機巧多能。多學会陽梁祿存。財官顯著。富貴先難後易。陷地加羊陀火鈴。巧藝之人。陷地独守。加煞羊火陀。帶疾亦能延壽。旺有瘡痕。陷有斑痕。女命入廟平常。加吉權富貴。陷地逢火羊巨机杀忌。下賤淫娼。寅午戌宮陷地。丁己甲庚生人財官格。申子辰得地。癸庚甲人貴格。丑酉巳入廟。己戊辛生人大貴。亥卯未利益。乙戊人財官格。入男命限吉天保福壽多。

限冲逢火忌。折夭带疾傷。入女命紫微对冲三合照。富
貴著霞裳。逢廉貞及陷地羊火忌星。若不為娼婢主壽
夭偏房。犹可主人軽。入限文昌若逢太岁乃二限。士人值凶
占科名。限入文昌不得地。更羊陀火合忌。官非口舌破家
財。未免刑伤多阻滞。

文曲

水宿北斗司科甲星。与文昌同逢喜。主科第。居身命遇
忌煞凑合。亦為便佞之人。喜六甲生人。己酉丑宫俱佰
貴。与貪火同垣。及三合。出将相之命。武貞羊破煞合。居
陷地。则衰命夭折。若与同巢武曲会旺宫。聽明果決。以
羊陀火鈴冲破。只宜空门。旺有瘡疾。陷有斑痕。　女命入庙

清潔。陷地乃巨火忌机会。反会恨破軍同垣。例下賤淫慾孤寒。
寅宮和平。午戌陷宮。申庚生人財官福。申子辰乃困于勞。
庚辛人福厚。己酉丑人廟。庚辛人遇紫微同大貴。亥卯未
旺。辛丙壬戊生人財官福。入男命則（威）為良士。庶遇之亦福厚。
丈夫乃浮受倉廩。文曲守垣遇火忌。不喪三方愚無藝。
此人藍（益）巧口能言。只宜空門可遂意。入女命相貌清奇
多有福。勝吃伶俐不孝處。有無偏房也淫慾。
入陷二陷若遇文曲星。士庶斷年須發福。加左右天同会財
祿更厚。陷地遇廉羊陀。非災即禍。命裏星宮弱。此家主死亡。

左輔 木

土 南北斗善星。佐帝令尤佳。若府相机昌貪武會。更右弼同垣。富貴不小。見羊陀火忌中局。旺宮有暗痣斑痕。陷地加巨門七殺天机下局。女命會吉星。旺夫益子。僧道清潔。男命紫府祿权會貪武。文官武職多清貴。羊陀火鈴三方照。主凶。廉破再冲。非疾即夭。女命逢紫府。必金冠封贈。逢煞火陀破軍。寿不長。只可偏房富足。入限常人主富官員。逢科权職高遷。逢煞鈴空劫。主人財散。

右弼 木

土 南北斗主帝佐。入廟主人厚重。清廣直心。寬恕好施濟。有智謀。沙宮降福。四墓尤佳。若會紫府相昌曲。終身富壽。若沙煞同纏。及羊陀火鈴沖合。此則福薄。亦不為凶。有瞎痣斑痕傷殘帶疾。女命合吉星旺夫益子，僧道清潔。
入限主榮官貴高遷，士庶揚名，遇惡脫家破伶仃。

祿存

土北斗司爵貴星，主人穩重，忌慈有禮，更多學多能。命
逢主富，文人主聲名，諸宮降福，消災寔祖重拜父母。
主紫府相同日月，武曲同宮，為財守命，看財之庫，怕火
鈴空劫沖照，為下局，巧藝之人，陷地減福。在身命官祿田宅
為福，女命清白秀麗，有男子之志。入限最為良，作事康
謀盡吉祥。仕人陞高遷，庶人置莊田，逢權祿左右，更主福
祿增，羊陀忌。最怕劫空相逢，更兼太歲沖之，限剋其年
入墓中。

天魁（土）天鉞（土） 火。即天乙貴人。若人命逢之，更得諸吉加臨，命吉星守照，必步登科。逢凶忌不為文章秀士，亦為弟子之師。限步逢之，必主清高名職利祿。大抵此星身命逢之，無不富貴，亦主勝豫。女命會吉為宰相婦，逢凶雖亦主富貴。入限常人主思錢糧，官員主面君王。

擎羊

火金。北斗浮星。化刑，入廟權貴。身旺刑人，處破祖，果決好勇，機謀矯詐，倖立功名，能奪君子之權。喜西北生人為福。宜命在四墓宮廟地，亦喜四墓（辰戌丑未）生人。會日月，男剋妻而女剋夫。會昌曲左右，體瘡斑痕。君卯酉宮作禍傷殘，帶目疾。亦甲亦戊寅申生人守命，其人孤單，不守祖業，二姓延生，巧藝為濟。

貞火巨同陷地。則常膳疾殘。面疾手足有傷殘。且不善終。一生多招刑禍。否則為僧道。女命入廟權貴。陷地傷夫尅子。孤刑破相。下賤淫慾。四墓宮入廟。宜四墓生人。財官穩。子午卯酉陷寅申巳亥乃地。男命庶人逢害富祿孝人逢之顯揚。若陷遇陀忌沖照。多命。凶煞尅。定逢天絕在其中。女命火犯巨忌廉常。三合凶煞湊合。不夭即貧。入限四墓生人吉。羊刃守限細推詳。四墓生人免禍破。若遇紫府文昌左。財官雙全福壽長。天羅地網遇擎羊。一限沖命禍患戕。若是命中主星弱。定數一夢赴黃泉。擎羊加煞最為凶。二限休教落陷逢。刑妻尅子害田庄。流徒娼配落陷逢。

陀羅

火金北斗浮星，化忌。入命多雄形，合處性剛，威相氣高，不守祖業，為人飄蓬，不作本書民作工，很惱有始無終。主要西北生人為福，及四墓生人。又四墓宮吉星眾者為福。會日月忌宿，男剋妻而女剋夫，加惡橫目。會左右昌曲，有帶瘡。若無正星而坐守命，故孤單，棄祖入贅，二姓可安，宜巧藝為活。陷宮遇巨殺，男剋妻子，背六親，帶疾傷。遇吉。女命內狼外虐，凌夫剋子，不和六親，又無廉恥。

男命陀羅命內坐中存，更喜人生四墓中，再得紫微昌府會，財祿豐盈橫發者。命逢陀羅不堪問，口舌官災一世侵，財散人離人孤獨，託作此為不好心。

女命陀羅一般。女命逢遇吉加臨，淫蕩宗亦然。

三合來相照，破財還防主人翁。入限夾身夾命，有羊陀空劫。又來侵。天祿不逢生旺地，刑妻剋子不為良。若無吉曜來相會，殃數一番入帝祈。

火星

火為南斗浮星，主人性剛，唇齒四肢有傷，毛髮生異形容，各別。諸宮不美，惟貪狼旺廟，指日立邊功，乃財官格。利東南生人，不利西北生人。喜寅卯巳午生人，禍輕，與羊刃同剋，職務災危，於起下局，只宜過房外家寄養，重拜父母方可。女命心毒，內狠外虛，凌父剋子，不守婦道，多是非淫賤。寅午戌宜，申子辰陷，災言同。巳酉丑人陷地吉。亥卯未人利，無吉多發福。入限火星陷地，限宮逢吉無氣盜門百事過。官員發福。常人得財。落陷主多了官災閑。壞敗六親。
破財悽惶。

△鈴星　火南斗浮星。心毒。形神破相。胆大出衆。寅午戌生人權貴。
、亦利東南生人。及限乃東南福厚。西北人限乃西北成敗。且
富貴不能久。入廟会貪武。威鎮邊夷。逢紫府左右不貴即富。
如陷夭折。破相延壽。離祖重拜父母。女命性剛。背六親。傷夫尅
子。逢吉豐富。入限逢貪狼多福。入廟逢吉富貴。如陷二限必顛狂
多吉日星招災禍。

火鈴星　入男命　火鈴離居廟地。紫府貪狼喜相逢。為人性急。壓
鎮鄉邦。終有貴。　女命貪狼相会三合多淫。坐守孤闺。

三合煞湊，主死亡。入限逢貪狼加吉曜，富貴名揚；若陷主膿血之疾，失脫難尋，口舌官災。

地劫

火乃劫煞之神，作事疏狂，不行正道，吉星相會禍輕。三方四正加煞，少夭，女命必爲娼。入命訣：地劫從來生孽疾，命中相逢多啾唧，若逢羊火在其中，奔苦持家陷困窮。入限訣：劫星二限若逢之，未免當年受禍危，太歲煞臨多疾厄，官符相遇有官災。

天空

火乃空亡之神，作事虛空，不行正道，成敗多端，不聚財，退祖業，昌空多不吉，名曰斷橋，有吉禍輕，四煞加少，少年等論，多此賤。太歲二限逢有正曜星，加吉平

安。女命單守只可偏房。林之王表國限列天空。命坐
天空宜出家。入限破莊田。剋妻刑子。破財敗失死亡。
極居卯酉劫空臨。為僧為道福聲隆。巢亭山林有師難。
福壽似金列古齡。劫空二限最難張。孔子在陳也絕糧。項
羽英雄曾喪國。綠珠逢此墜樓亡。

天傷
火水乃虛耗之神。守臨二限太歲不同。陷地只要吉聚。方可
獲善。若無正曜星。又逢羊火忌巨機。必主官災喪亡破財。
橫事相侵。夫子在陳絕糧。限到天傷。

天使
火水乃傳使之神。路審人間禍福之內。若二限太歲臨。有吉
星聚此禍輕。若無正曜星。又逢巨忌羊火。則官災喪亡損

事破財。天使守限人無忌，在紫富壽破家亡。
火最毒，會祿存極忌截路空亡。此命在辰戌丑未逢寅申

天馬

已亥有天馬，在夫妻宮，加吉會，主富貴，加煞不美，加權祿
旺臨，必主男為官，女封贈。入限紫府祿存相逢，官主顯達
士人科名。若劫空相逢，太歲當中宮，限到其人尋死路。

化祿星

土為福德之神，守身命官祿之位，科權相逢，必作大臣
之職。小限逢之，主進財、入仕之喜；大限逢之，十年吉
慶。忌惟未臨，並羊陀火忌沖照，亦不為美。十干化祿最為
榮，男命逢之福自豐，武職題名邊塞，文人名譽滿朝
廷。祿主天同逢太陰，常人大富，並田莊資財，亦壽皆豐。

旺。凡有施為合吉祥。限中若逢祿善來臨。爵位高遷
佐聖君。庶士相逢主大貴。自然蓄積堆金銀。

化權星

秘掌判生殺之神。守身命科祿相逢。出將入相。合巨武
曲。尤專大事。掌握兵符。為人極古怪。到當人欽敬。小限
逢之大吉。大限十年。尤逢逢凶亦不為災。逢羊陀耗使空
劫龍說路果官與聽論。女人得之內外稱意。傳道掌家
有歸嫁。入男命逢巨門武曲。更有威武忌氣軒昂。最喜吉星
相扶。女命逢吉星。富貴雙全。更奪夫權福。入限亦然。

化科星

秘上界應試之星。主掌文墨之神。守身命權祿相逢。主
人聰明。逢魁鉞必中科第。作宰臣之職。逢惡曜亦為文

童處士作羣英師範但嫌截路旬中二空亡天空亦忌
女命吉星扶作公卿婦四無沖破亦主富貴科權二限遇之
昌曲守逢之姓名彰僧道度人多富貴百事遂心盡吉祥

化忌星

水為多管之神守身命一生不順招是非二限逢之
一年不足大限逢之十年悔吝二限並太歲交臨斷然
蹭蹬文人不耐久武人縱有官災口舌喜防離商藝人在
需不宜難立腳遇紫府昌曲左右科權祿可忌同宮又兼
羊陀火鈴空劫作事進退橫發橫破略終不得久遠即
使發不住財是也一生奔波勞碌藏帶疾貧夭僧道亦
流移還俗然天同在戌化忌丁人遇吉巨門在辰化忌辛

人反佳。太陽在寅卯辰巳午化忌，太陰在酉戌亥子化忌為福論。若日月陷地化忌，大凶。如庚辰在亥化忌是夫人命卯辰遇，木命人化忌為害。男命諸星化忌不宜逢，更逢凶星愈肆凶。若得吉星來相助，猶宜富貴不豐隆。貪狼破軍居陷地，逢吉化忌終不利。男為奸盜女淫娼，加殺臨命亦眠睡。女命亦然。入限入廟步佳，逢陷主官職退，有吏附刑，人離財散孝服。

三兄弟

紫微 有偽，辛年長之兄，天府同三人，天相同三四人，破軍同六。有三人，或為眾，加羊陀火鈴天空劫，有刑克孤。相貪月只一人，昌曲同二人，陰同三三人，加羊陀火鈴空劫者主孤。三粒。加羊陀空劫火，合火鈴截羊。

天機 廟旺三人，巨門同一人，陷地。

太陽 廟旺三人，巨門同三人，陷地不和。三人，天梁同三人，破軍七殺同一人，不和。

武曲 廟旺二人，不合，陷地加羊一人。性加昌曲左右三人，見羊火陀更孤。

天同 廟四五人天梁同二三人巨门同是未二人太陰同四五人陷

地空一人見羊陀火鈴空劫忌孤寡宜分居不合 廉貞 廟二人貪狼同

人七殺同一人天府同加左右昌曲三人 指忌天相同二

見羊陀火鈴空劫背就止不和 天府 五人紫微同加左右昌曲六人 太陰 廟見

弟五人太陽同六五二人天機同二人拜照同四五人見羊陀 貪狼 廟旺二人陷地宜居...

火鈴沖凶星更加空劫減半見陷宜分居 ... 陷地宜吉...

羊鈴空 巨門 廟旺二人陷地總有宜分居太陽左右昌曲同二人 天相 和羊上三人見

孤寡 天紹同二人是不宜天同二三人加羊火空孤弟 ... 旦不合陷空全無 ... 紫微同

三四人武曲同二人廉貞同 天梁 廟旺二人和微減少不同 ...

二個羊火空孤寡 天同三人天機同二人見羊全空劫 ...

七殺 主孤在子午寅申宮方三人又合 破軍 廟三人陷加紫破軍武曲同二人紫微同

宜居見人加昌曲左右更旺 ... 廉貞同一人加昌曲左右三人和睦加羊全

劫孤寡 文昌文曲 拱宮宮情三人見羊全空劫不和 左輔 三人同天同昌

全劫二人有空孤 右弼 三人同紫府昌曲相有四五人 ... 四五人 ...

陷宮主孤加空全全無 ... 禄存 相生有兄弟 ... 加紫魁

加羊全空劫孤力不和 ...

羊陀 魁宮入廟一人吉星 ... 火星 入廟宮吉星二三人 鈴星 廟相生有兄弟加

全三人陷地全無 ... 如康殺全孤剋 ... 羊火劫全無

斗君逢在兄弟宮過度逢吉星兄弟一年和睦逢凶殺

有刑。若不見刑，亦主兄弟爭鬪。　女命姊妹宮亦以此斷之。

三妻室宮　女命夫主宮訣

紫微　晚聘偕老，性剛。天府同偕老。天相同宜年少。破軍同殺刑，加羊陀亦同剋。貪狼同有吉星可免刑。宜長，加羊火空主生離，得吉星无害。

天機　宜年少剛強。妻可挽。天梁同，早娶剋。同妻乃賊。

宜年長。太陰同主妻子美容。同巨門同，妻子羊火空劫不剋。有巳忌殺空劫，必主非禮而離。遲娶，忌刑。七殺同剋三三。主加羊陀劫重剋。

太陽　廟旺遲娶吉，早娶剋。表天梁同加左右，招賢明之妻。太陰同妻乃賊。

武曲　背剋，宜遲娶。同年夫婦不相生。加吉星同妻乃時，山星聚同妻子嘉。文昌貪狼同妻宜少。加四煞和生離。巨門同

天同　遲娶偕老，天梁宜長，妻宜少。加羊火剋。太陰同如美。天梁同更美。三度作新郎。貪狼同會殺七殺同只刑遲不和。

天府　相生。能愛兄主。羊火空遲娶。加羊陀空劫必不剋，主生離。太

廉貞　加羊火空主生離。天府同偕老，性剛，貴者剋。刑以偕老。

太陰　不為男女以美。美夫婦如富曲福美。加羊陀剋。陽同偕老。遲天同同貞，天機同美。好宜年少。

貪狼　男女不以美。三度作新郎。不貞宜遲娶。廉貞同主剋。加羊火主生離。紫微同年長方可。陀同貪狼偕老。天機同同貞美。天同同貞紫三妻至師。加羊火空空剋二妻。武主生離。

巨門　宜年長空。剋欠和本

天相與紫微夫宜年長，親上成親，不微偕老。武曲同少和，廉貞同不和，見刑加羊陀火鈴刑剋。機同稍美，殺妻多，加羊陀空劫後不和睦。天梁妻宜大美容，天同同和紫大。七殺早剋，武曲同亦剋，或遲娶免刑，廉貞四同主生離，加羊陀空劫三妻。破軍男女俱剋，娶主生離，武曲同剋三妻，廉貞亦剋且不和，紫微同宜年長之事。又夫宮廟旺加羊空深惡。文昌妻宮少四繼，明天機太陰同，相生為剋，妻宜少。文曲相生，太陰偕老，同昌曲，妻妻加羊陀空劫剋。祿存年並頗遲娶，要強，宜年剛強之事，羊陀入酉。加羊陀空亡辰戌路空亡孤單。左輔右弼同偕老，加廉貞羊陀空宜，遲娶免刑或不和，陷地早剋，加日月巨機忌武曲主生離。天馬生妻宮主同妻，財加吉星主旺發。火鈴星不廟加吉無刑，陷地刑剋。天魁天鉞多主夫妻美麗。妻斗君過度在妻室宮，逢吉星夫妻美，羲火剋，逢凶曜有剋。妻妻災厄，又看人本命妻宮，若剋妻的主其年不剋，亦主有剋。

論子女

凡看子女，先看本宮星宿，主有幾子，加羊陀火鈴空劫煞忌。

主生子女有魁。次看对宫有冲刑否。於本宫無星曜。尋看对宫有何星。主有幾子。若善星吉星守子女宫。必生子昌熾貴顯。若惡星同刑煞守子女宫。不是刑剋。主生擄横破蕩之子。再看三方四正。以南斗星多。主多生男。北斗星多。主多生女。若太陽落在陽宫。主先生男。太陰落在陰宫。主先生女。尋看刑煞守本宫兼制化相生。必然絕祀日生最怕太陰陷。夜生最怕太陽照。此星若多在子女宫。防君剋老無兒吁。

此紫微 廟旺男三女二。加左右昌曲五人。加羊陀空只一双。不然。偏室生者多。或借絕子居長。如軍同三人。天府同加吉星四五人。加昌曲左右生寡[illegible]

空劫再加空劫者孤局 天機 廟旺二人。或庶出者多。巨門同一人。天梁同在寅宫二三人。申宫子多男。少只一二子。太陰同二三人。加羊劫空全絕嗣。

太陽 廟三男二女，陷三[illegible]者，巨门同三人，太陰同五人。陷三子，不成器，加煞羊陀只留一子。絕祀，會[illegible]同，祿居二子，天相同先招外子。成親生一子，七殺同主孤，武戌子。女後男，有二子寄在申宮，只留一子送終，在寅宮。加吉星有三子，加羊陀空見刑子，苦送終。加羊陀空

天同 廟旺主人，有[illegible]，巨门同三人，太陰同見。同主人，在午宮陷地減半，天相同，天梁同[illegible]二人。

武曲 一子，刑剋，生[illegible]成年。同主刑，有一人，加羊陀空。

天府 主人，武曲同二三人，紫微同四五人。廉貞同三人，加羊陀空亡，五三人。[illegible]太陽同五人，天機同三人，天同同五人。廟吉，陷有[illegible]，加羊陀空亡子[illegible]。

廉貞 陷七殺同主孤，天府同主[illegible]，天相同二子。

太陰 三女二男，先女後男，廟旺，有[illegible]陷減半，[illegible]

貪狼 廟旺三人，有[illegible]，同三人，加吉星三人，武曲[illegible]

巨门 廟二人，[illegible]陷[illegible]，太陽同居[illegible]二三子，天機同二人，有[illegible]同二人，[illegible]加羊陀空劫，宜招子，居長，親生一二子，紫微同加吉星，左右三四人，武曲[illegible]三人。

天相 有二[illegible]，[illegible]有

天梁 廟旺二人，陷[illegible]，加羊陀空劫[illegible]

七殺 主孤，一人之子，紫微同再加吉星三人，加羊陀空[illegible]。[illegible]有子，加羊陀空劫[illegible]，[illegible]三人。武曲加吉星，左右三人，廉貞

破軍 廟三人，刑強之子，紫微同三人，武曲加吉星，左右三人，同[illegible]見羊陀空，有刑，相生[illegible]。女見生殺[illegible]，主[illegible]孤。羊陀空亡，[illegible]

右弼 三人，加吉星有[illegible]，加羊陀空減半。

左輔 三男一[illegible]，居[illegible]

文昌 三人，加吉[illegible]，[illegible]有[illegible]

火令三子之方

文曲 廟旺有四人陷二三人。加羊陀火令子少。

祿存 主孤宜庶出一娘。鈴之子加吉星一一人加火星冲煞孤刑。

羊陀 陷主孤加吉星廟旺一人。如對宮有吉星多。各東冲三四人。見殺煞忌在本宮絕祀。

火星 逢吉同不孤。陷加煞刑傷。

鈴星 獨守主孤加吉人廟可許庶出。看對宮吉多二三人。

魁鉞 單守主有孝子。

寺男過度在子女宮。逢吉子女昌盛。逢凶刑尅戴子過家

△五財帛

紫微 遇四星居廟加羊令空不旺。殺軍同先難後易。天相同財帛富。據天府同富足終。左右同為財賦之官。文昌同加吉財帛豐足。

天機 勞心勞力生財。巨門同而求取。天梁同機謀巧
計生外財。太陰陷滅敗。加羊陀空一生有成有敗。
勞碌不遂。太陰同加左右吉星生富，財不可福名。
同機心巧財。技大富。巨門同早年成敗，中末光盈。
次見吉星六同中進財。破軍同東來西去。光二十後。貪狼同卅四以後方安財。
有天相同財帛豐盈。遇曲昌生財成家。七殺同，守子生財成家，加羊
全空不聚財，福怕空亡。

太陽 廟旺 陷

武曲 廟旺九吉
有巨萬家

天同 守子生財晚發。巨門同財氣進
遇天梁同財大旺，加四煞空劫凶。

流人生
財成家。

廉貞 在寅申宮閑中生財。陷宮先難後遂。貪狼
同祿勞積聚，加羊火生禍殃。遇之財。七殺同閑

中來敗天相同富足如其知
天空常虛屈官府常破敗。
天府 富足見羊陀火金空劫有凶敗。紫微同巨祿。廉武同加权祿
富屑貪綱。
太陰 廟富足。陷滅敗不聚財。太陽同先少後多。天機同白手生財低富。天同同財旺生名。祿存兼左右同天富
貪狼 廟旺横發陷貪虛。紫微同守現成家計。自後豆豐遇見火星三十年為消敗。三十年後横發。
巨門 白手生財同家。
宜閑中來敗。氣高之人横破。太陽同人廟。守現成家計。天機同財氣
生名。發作承。天同同白手成家。
天梁 富足。廟上等富貴。陷手勤求財度日。天同白手成家。
九流人吉。加羊金空破敗多端。
生財勝祖。天機同勞心用力。紫財不多。更改方見成家。加羊金空

先難後佳
足度日。
偶聚無
積聚。

天相 富足。紫微同，財氣積進；武曲同，加四墓石工生
生財；廉貞同，高常生財，加羊全空劫耗忌
在子午宮，多有金銀寶。辰戌宮雖亦財

破軍 戌宮破祖不聚財。武曲同守巳亥宮，東
來東西吉。紫微同，先去後生；廉貞同
勞碌生財，先難後達，加空劫擎貧。
寅陷地，將同陀火鈴
空敗奔傭輩。

文昌 富足之命，加吉
星財氣旺；巨門同

文曲 酉宮富足，加吉星，乃秀人財，加羊全
空宮東來西去，成敗不聚。

左輔 右弼 旺宮富足，會吉星，乃秀人財。
加羊全空耗忌，成敗不聚。

祿存 富足，堆金
積玉，加吉

星不弱而財自足。加羊火辰戌丑未宮閙中生財。
空耗忌。先多后有。擎羊陷破祖業。終久不發。
逢。只宜魚鹽污陀羅閙中生財。陷辛勤求財
垢中生財。度日。加空劫東來西去。火星獨守
横發横破。陷辛勤生
財。加吉星財多遂意。鈴星入廟獨守横發。陷地孤寒。辛勤度日。魁鉞主富中生
財一生
遂意。斗君過度財宮。其月逢吉發財。逢凶思
空劫耗忌。其年其月損財。招口舌官非。因財而
起。

六疾厄

先看命宮星曜落陷加羊陀火鈴空劫耗忌。身臨那何。
又看疾厄宮。星曜善惡廟旺落陷那何斷之。

紫微 煞少。天府同亦少。天相同亦加擎破軍同氣血不和。羊陀同主有瘡疾。加空劫主瘋疾。心氣疾。

天機 癬疥多煞火陷地頭面破相。巨門同血氣疾。天梁同下部疾。太陰同痨煞加羊火陷宮有目疾氣力。

太陽 頭風。太陰同加化忌羊陀主有眼傷。陷宮亦主目疾。救者吉。

武曲 癬疥煞進手足殘。面有傷。羊陀同一生常有煞。天相同招瘡疾。七殺同血疾。貪狼同廟旺無疾。

陷加四煞眼手足之疾　天同 廟煞少巨门同心氣疾太阴同加羊
痔漏疾瘋疾瘡疾　火血氣疾天梁同加四煞心氣疾
廉貞 旺廟煞少瘡膿足之疾加吉平和遇貪狼同陷眼疾煞少
七殺擎羊天府同煞少
天府 煞少臨煞有紫微同煞少加羊陀空
有瘋疾廉貞同加劫空亡羊逢殘傷　太陰 廟旺壽煞
陷煞多主勞
傷之疤女人有傷殘若太陽同加吉星一生煞少同羊陀空目疾加空劫有
瘋疾天同同加火陀主加疤多煞
巨門 少年膿血之疾太陽同有頭風疤天同同下部
有風疤加羊火酒色之煞加忌有耳目之憂　天相 煞少
面皮

膿血氣之災大除微同災少武曲加四殺殘相廉貞同加四殺手足疾廉貞同目疾加羊多四肢有傷殘災加四煞有災平和加吉星災少見羊陀空劫常災少見羊陀四肢有傷殘加空劫致腰疾無生

七殺　幼年多災長生痔疾　武曲同加四煞手足傷殘

文昌　獨守災少加羊火空　災多訣書言全一生無災

文曲　災少加吉星一生無災

破軍　幼年瘡癩膿血黃武曲同目疾　紫微同災少廉貞同加羊陀四肢有傷殘

左輔　獨守

右弼　獨守逢災有救　見羊陀空劫有災

祿存　少年多災　加吉星災大

擎羊　有頭風之疾或四肢欠力頭面破相延壽加吉星災少

陀羅幼年災厄唇齒有傷殘相方可延壽　斗君臨此運吉身心安寧

其年爭災運凶煞本生人有畏忌其年多災

七遷移

紫微同左右出外有貴人扶持發福天府同出外通達天相同在外發財破軍同貴人見愛小人不足加羊火空在外不安靜

天機出外逢貴居家有是非巨門同動中則吉天梁同出外稱意太陰同忙中吉加羊火出外多是非身不安靜

太陽出外發福（富）不耐靜守太陰同出外忙中吉巨门同勞心加羊火空在外身心不安靜

武曲闲忙中途

奔不宜靜守貪狼同作巨商七殺破軍同身心
天同
出外遠貴人扶持巨
不宜靜守加羊令空在外多招是非
門同勞心太陰同辛苦天梁貴人
廉貞
出外遇遠近貴在家日少貪狼同病
見煞加羊火劫在外少遂意
中出腳七殺同在外虛招財天相同動中則吉
天府
出外有貴人扶持榮
加羊陀並三方有凶煞死于外道
微同勞財廉武同閑
中取財作巨商
太陰
廟出外遠貴勞財福宮招是非太陽同極美天同同巧手生財微康
貪狼
獨守在外勞碌閑中稍遂財廉貞同加四煞在外艱難武曲同作巨商加羊陀火令空劫耗煞流年運兵盜劫掠災

巨门 出外劳心不安小人不足多是 天相 出外有貴人扶持紫
非加羊陀空劫愈甚 微同吉利武曲同在
外發財廉貞同加羊 出外近貴貴人成就天同同福厚
令招是非小人不足 天梁 天機同術藝途中走
七煞 在外日多在家日少武曲同動中則吉廉貞同在外生財
与紫微同在外遂志加羊火劫操心不安或流蕩天涯
破軍 出外勞心不安入廟在外呼喋加羊陀奔馳巧藝走 文昌
途中文昌文曲武曲相会優倫之人
出外遂意豐達小人不足之加 文曲 在外近貴加吉星旺財
羊陀空在外不安 加羊火空少遂志 左輔

動中貴人扶持發福加羊陀之下　右弼　出外遇貴人扶持發達
人不足多招是非　不宜靜守加羊陀了
人在外有爭　祿存　出外衣祿遂心加　羊刃　入廟在外
競之事　火空了人不足意　衣祿遂心
加吉星鬧中發財陷地有成敗　陀羅　會吉星在外遇貴
下人多不足　乃財陷地加火會空
下人不足多　火星　獨守在外不安加吉鬧中進財加羊陀
招是非口舌　空招是非在外少遂意
有吉因出外吉　斗君過度逢吉動中吉逢凶
鈴星　加羊空招非　則凶有口舌

八奴僕宮

紫微　殺乃陷力旺主生財宮四煞欠力破軍同　天機　廟乃
先難後有天相同乃力加空劫招怨逃走　力陷
怨主天梁同晚招太陰同　太陽　廟旺聚財陷亦少有此怨主
欠力巨門加吉有奴仆加四煞全難　金主太陰同多招巨門同多
招怨加羊令空　武曲　旺廟不可一呼百諾天府同主多破軍同招
劫奴背主　怨金主來年有招天相同乃力七殺同背主
貪狼同　天同　乃力旺相巨門同先難後竭太陰同乃力天梁
欠力　助主加羊陀奴背主見空劫怨主金主之
廉貞　陷奴背主晚年方招乃入廟一呼百諾貪狼同欠力七

奈同背主天同同多奴　太陰　廟地卬力成行太陽同多天机同欠力
天同同旺主加羊火空豈有而走陷地合長
作加羊合不旺合走
天府　卬力一呼百諾紫微助主武曲同
奴多加羊火空多背主逃走　貪狼　和難招欺主之奴陷合
廉貞同忘步紫微同
多加羊合空劫　巨門　大廟早年不卬力招是非不能久居本
豈有難育
陽同助主衛家天机同不一心天同同末年
招卬　天相　末年招卬紫微同多武曲同怒主　天梁　奴多旺主
末年可招加羊合空欠力逃走
天同同奴
衛家天机　七殺　欺主剛強多盜家財武曲同背主　破軍
同不一心
廉貞同欠力加羊合空全難招

廟旺力陷招怨背主武曲同逢背紫微同旺力廉貞同欠力加羊令空難招

文昌 廟独守旺力聖主加羊令空背主

文曲 廟旺力陷壽多加羊令空煞主過

左輔 独守旺相一呼百諾加羊令空耗忌背主難招

右弼 独守風行加羊令空耗忌背主盜財而走

祿存 多奴加吉星衛主起家見羊令忌耗欠力

羊刃 背主招怨不旺力有也不久入廟旺年可招

陀羅 欠力怨主入廟加吉有多

火星 独守怨主不旺力加吉入廟可招一二

鈴星 独守不旺力怨主会吉星入廟助主衛家加空劫耗忌全壽

斗君過度逢吉

星以僕歸衆逢凶忌耗煞或恨主而走或因奴作而招是非

九官祿　羊陀火鈴謂之四煞

紫微　廟旺遇左右昌曲魁鉞軒騰玉貴加羊火平常殿軍同閑中安身府同權貴名利雙全天相同內外權貴清正

天機　廟權貴會文曲為良忌見羊合陀火方宜天梁同文武之材太陰同名振邊夷陷宮退官遇職吏員走腳

太陽　廟文武為良忌四杀吉太陰同貴顯左右昌曲魁科權祿相會居一品之貴

武曲　廟与昌曲左右

同武職崢嶸常人發福食祿財賦之官貪狼同為官貪污
破軍同軍旅內出身巧藝身七殺同橫立功名陷宮加四殺空劫者
功名
天同　廟文武皆宜主四煞害巨门同先小後大太阳昌曲
科权祿吉善天梁同权貴太阴同陷宮白骨吏論
廉貞　廟武職权貴不耐久貪狼同閑中权貴紫微会三方文職
論七殺同軍旅出身天府天相同衣祿富貴
天府　廟文武皆吉壽年金寶紀金紫紫微同文武聲名　太陰
廉貞武曲同权貴見空劫平常
廟多貴陷亦亂高橫破难發達会太陽昌曲左右
三品之貴天同同文武曲皆吉天机同閑中進吏員立腳　貪狼

廟遇火合武職掌大權紫微同文武之職權 巨門 廟武職
貴不小陷宮貪污之官加羊陀空劫辛常 權貴文
人不耐久太陽同有進退入廟常久天機同在卯宮書美左酉
宮豈美喜路終陷宮遇惱者加四煞空劫退官卸職
廟文武皆宜食祿榮隆陷地武散紫微同權貴昌
天相 曲左右同權顯榮貴武曲同遇吏之職廉貞同峥嵘
權貴加四煞 廟午會左右魁鉞文武之材天同同權貴不
空劫有疑 天梁 小天機同峥嵘顯貴加羊火空劫辛常
廟旺武職峥嵘權貴非小不宜文人 廟旺武職軒
七煞 武出同常權廉貞同功名顯達 破軍 膳武出同加

权禄昌曲發達加羊火平常紫微同名振揚

文昌 廟太陽同加科权

廉貞同文人不耐久胥吏最美

禄文武之材天府同

文曲 廟旺文武皆宜臨宫与天机太陰同胥吏权貴会紫府左右

文出富貴双全

近君顏而执政

加羊陀今空平常

左輔 廟文武之材武職最旺不利文人会吉星多中清文武皆良見羊陀火会空劫進退吉凶

右弼 宜武職不利文人与紫府昌曲同財官双美臨宫陷殁有貶謫見羊会空亦有點障

禄存 会吉文武皆良

財官双美子孫

壽殀陷宫為美

羊刃 入廟最利武職同吉星权貴臨地平常虚名而已

陀羅 独守

平常加吉星亦處名而已

火星 晚年功名遂心早年減敗会 紫微廣根吉临地不美

鈴星 独守旺宮

吉临不美加吉星权貴

平君遂吉其年月財官旺逢凶忌財官不顯達有勞祿奔波

十田宅

紫微 旹歳自置旺相加羊令宮有置有去破軍同退祖 紫天相同有現成家業乃左右昌曲夾扶大富居田

天機 退祖新創置巨门同在卯宮有田園在酉宮不守祖業先大後 小天梁同有置晚年富太阴同自旺置相

太陽

廟入祖業初旺末平太陰同加吉星田多巨門同寅宮
旺滅在中宮退祖不為奇田產陷地逢羊陀空劫尤奇

武曲

羊居旺地入祖父大業陷地退後方成破軍火耗同破蕩
家產有也不耐久天相同先見破後方有七殺同心不厭
天府同守現成家業貪狼同晚置田
見火金極美田產茂盛同空劫有進有退
田少太陰同入廟大業天梁同先
退後進加火金空忌尤奇
置天府同守現成家
業天相同先貧後有

天同

先少後多自
置旺巨門同

廉貞

破祖貪狼同有祖
業不耐久七殺同自

天府

田園茂盛守祖自置旺相紫微同
大富武廉同守祖產業見火金

空更少
太陰 廟田多陷加忌羊火空全系天机同自置天
有減敗 同同白手成家同左右权禄在主田產多
貪狼 陷地退祖一世田少廟旺有祖業退去中年自有置產貞
系多紫微同有祖業武曲同殺置見火全守祖業自
創但恐火 巨门 廟旺橫發置累陷地系多因田產招非太陽
發屋宅 因先系陷有加羊全空劫田宅全系
天相 廟旺有多紫微同自置武曲同系多 天梁 廟旺有祖業
廉貞加羊全空劫飄零祖業 天同同見难保
易天机同不見羊全空 在子午宮守祖業業昌但見有
劫終有田宅 破軍 退退加火羊全空退祖田不業

微同有現成家業廉貞同先破後有置加忌耗全無

文昌 會諸吉田園房置加
羊仝空劫敗祖業

文曲 旺地有步守祖業加吉星自置
加羊仝空劫有進有退

左輔右弼 有祖業加羊仝空劫
退祖田少會吉星多

祿存 田園多自置會吉承祖
業昌盛加四煞空劫田少

羊刃 廟先破後成陷加來
空劫退祖業

陀羅 退祖業辛勤度日加吉先無
後有加空劫全無

火星 獨守退祖業會吉星
先棄後有加空劫全無

鈴星 退祖廟加吉星自有
置見空全無

斗君過度逢吉其年田宅倍進逢凶煞耗忌退敗

十一福德

紫微 福厚享福安樂天府同終身乃吉破軍同勞力費心不安加羊火空福薄天机同享福終身

天機 先勞後逸巨门同勞力欠安天梁同享福太阴同主快樂加羊仝空奔走不乃安寧

太陽 忙中享福太阴同快樂巨门同費力欠安天梁同快樂女人会吉星乃贵夫快樂享福加羊火空耗忌終身不美

武曲 勞力欠安廟安然享福破軍同東走西行不安静天相同允力竟安康加羊陀損心乃力七杀同欠安貪狼同晚年享福見火

金星　**天**　快樂有福有壽巨门同多憂少喜　**廉**　独守忙中
安逸　**同**　太陰同享福天梁同清閑快樂　**貞**　生福天相
同有福壽天府同安樂破軍同不安靜　安靜享福紫微同
勞心費力加火羊金勞苦終身末年好甚　**天府**　快樂廉貞同身安
心忙武曲同早年更辛苦　**太**　廟享福快樂太阳極美德
中晚安樂福加羊空耗是勞苦層　**陰**　遁亦清靜享福天机同心忙
天同同安靜加羊陀金　**貪**　勞心不安廉貞同福薄　**巨**　勞力
空有憂有喜不安靜　**狼**　紫微同晚年快樂　**门**　不安
太陽同有喜有憂天机同心忙不安　**天**　安逸享福有壽
天同同享福加羊金空耗空年多憂　**相**　紫微同快樂天

机同忙中吉太阳同享福壽高　天梁　主壽晚年福壽　七煞
加羊全空不得心静
庙富福加火空勞心費力武曲同欠安康貞同辛苦紫微同
先勞後逸末年好心女人单居福法為娼婢至淫
破軍　勞心費力武曲同欠安康貞同辛苦紫微　文昌　主凶　庙　加
同安樂加羊全空撓心不得安静
吉星享福快樂庙　左輔　加吉福壽独守晚年安静　右弼
加凶秉不安静　加羊全空刼辛苦
福祿双全加吉一生少憂　祿存　終身福壽安静處世加吉星有
加四秉勞心不安　喜有福加凶秉不安静

魁鉞 有貴人為伴享福快樂 擎羊 廟動中有福陷勞心欠力加吉憂少獨守不安靜 陀羅 獨守辛苦廟有福陷奔馳加吉星晚年有福 火星 欠安辛勤加吉星晚年遂心 鈴星 勞苦加吉星平和獨守辛勤 斗君及歲君大小二限逢吉則安靜享福凶煞則勞力辛苦不安靜

十二父母

凡看父母以太陽為父太陰為母太陽落陷先剋父太陰

落陷先魁母於二星俱陷只以人之本生時日生者先主父存夜
生者主母存若夜生者太陰星主母存然反背不明主
母先魁日生者主父存然反背賭陽主父先魁試之爲驗
先看本宮某星主刑魁加惡煞刑魁何明此之

紫微 喜魁天同同六喜魁加羊令空劫魁天相
同喜魁貪狼同喜柔加六喜刑越宰同早魁 天機 廟旺喜
魁陷遲
羊令空之地定坐寄居重拜父母或過房入贅太陰同兔
刑天梁同喜魁要喜柔加有柔六魁巨门同早魁

太陽 廟旺喜魁陷魁父加四柔空劫魁父母早太陰同喜
柔父母全遲刑巨门同加四柔空劫早魁天梁同喜魁

武曲 魁早退祖業不刑貪狼同刑魁七殺
同魁天相同加羊陀火令空劫刑傷
智殺重拜父母巨門同欠和太陰同父母双全
天梁同喜刑感退祖業加羊陀火空魁
棄祖重拜貪狼同早刑七殺同孤魁天府
同免刑破軍同魁早加火令空劫羊陀父母不全
同廟旺喜魁加羊陀
空劫火令魁父母

天同 獨守廟
旺喜刑

廉貞 难為
父母

天府 父母全紫微
綑喜魁廉武

太陰 廟喜魁加羊火令魁母不然過房棄
祖太陽同喜棄父母双全天機同喜魁天同同五美

貪狼 腦早魁棄祖重拜過房入贅實廉貞同早魁
孤單紫微同喜棄双全

巨门陷地刑伤棄祖過房太阳同少和天机 天相廟旺無刑紫
同重拜天同同戒退祖無刑加四桑魁 微同無刑武
曲同刑廉貞同六 陷加羊全孤魁棄祖入贅更名寄人係
刑加羊全空早魁 天梁 養免刑天同同加四桑魁天机同無刑太
陽同魁遷加四 魁早離祖六親骨肉孤独武曲同六刑廉貞
桑空劫早魁 七煞 魁早紫微加吉星同無刑加羊陀火全空劫父
母不 破軍 魁早離祖更名寄養免刑武曲 文昌 加吉入廟
全 廉貞同俱早魁紫微同無刑 無刑加羊
全空有刑或退 文曲 独守入廟無刑 左輔 独守無刑廉
祖二姓延生 加四桑空劫魁 貞同早魁加文

昌相生无刑加四杀
刑退祖二姓延生

右弼 独守无刑加吉星闪父母庇蔭加羊
火空劫凑離祖二姓延生

祿存 無剋加空劫羊仝早年有破
父財刑傷中不自成家計

羊刃 早剋会日月重重退祖
加吉星衆免刑

陀羅 幼年刑傷会日月重重退祖二姓延生
加吉星入贅只過房或重拜父母二姓安居

火星 独守孤
剋二姓

延生加吉
星平和

鈴星 刑剋孤单二姓安居
重拜父母入贅只過房

天魁天鉞 主父母榮貴
加吉星双全

斗君過度逢吉父母吉利无災安逸內外有喜遂

凶父母不利或刑剋

命垣

紫微廟富貴陷平常加煞傷道　天機廟主性急好善化吉富貴陷奸詐平常　太陽廟富貴陷

平常且夭折　武曲多志畧有巧名加煞傷道風流　天同廟聰明高壽大貴六

主聰明　富陷詭詐多愁

廉貞性直逢吉亦好學逆吉陷平常　天府聰明多學廟富貴陷加煞巧藝　太陰儒雅聰秀廟富

貴陷貪夭

貪狼 性直好色廟富貴 入火星大貴陷平常巧藝

巨门 廟富陷怨加煞作 事顛倒多口舌

天相 廟衣食足為人 敦厚陷平常

天梁 穩重廟富貴 有壽陷平常

七殺 沉吟性剛陷貧 旺六親有損

破軍 廟為貴陷孤貧 招是非

左輔 富貴量寬妻子 吉陷亦平穩

右弼 廟榮 財聰 秀妻賢子貴好單 居或陷平常

文昌 廟富貴為人 聰秀陷平常

文曲 多學富 貴陷平

魁鉞 主富 貴

祿存 為人敦厚 白手成家

火鈴 廟性剛不耐靜陷貧 賤異母延生

刼空性急 忌主哭事不順 天刑刑剋 天姚風流 科权禄富貴。

二兄弟

紫微会昌曲七人加火羊陀俱双破不得力宜各胞 天機一人宜各胞廟旺二三人有貴 太陽三人陷主

剋忌分居可加四煞不和有

一講三人加煞不和陷主剋 武曲三人得一人力加七煞破軍四柔主各胞不然亦欠和

天同五人加四亦剋得二人力見天梁主妹 廉貞廟二人陷剋加吉一人亦欠和

天府廟五人加左右昌曲同力加杀武招　太陰五四人陷加杀
怨加四杀同二人力陷少各胞吉　不同力亦有三
人不同　貪狼廟旺三人閑宫陷地魁　巨門二三人火和加
心　並有不同心度玄吉　左右昌曲同力
天相五人加杀火和　天梁孤有姊妹加府同　七殺孤魁加吉
異母吉親比弟　左右二人加四杀魁　一人宜着胞
破軍魁加吉二三人亦　左輔五四人加府昌曲右同　右弼三
不和加火羊孤　同力加四杀二人　人
加杀武陀火魁不　文昌五人加府昌左右同力　文曲五人加
同力異母有分　加羊陀二人沖亦然　吉同力

加七杀四杀火鈴廟旺二人不乃力羊忌有六不和陀羅寡
冲尅不和閑宮一人陷孤收家尅和
各胞刑眺尅不和空劫主寡加吉二人魁鉞祿权科主貴
吉

夫妻

紫微男取妻女婦榮天機男主妻小性剛早婚女主太陽
有羊刃宜招長妻夫長加巨火刑忌主病不和
主和加煞尅武曲妻性急主夫賢天同妻小聰俊早婚
男主妻多加杀生離尅傷夫長偕老陷尅

廉貞主剋加四天府妻小聰明夫長太陰妻聰俊夫長
煞生離不一加煞剋婚遲早聘陷加煞剋
貪狼男婚遲早婚則剋女夫長巨门剋妻性剛方可对女夫長
加四煞生離不一可对男遇科权禄昌陷
主妻加四煞遇天相因親成親男女皆吉妻天梁妻長性剛
昌主生離長早婚加羊陀剋女小夫長性
剛加权吉加煞七殺主剋晚婚吉破軍剋加煞生左輔妻小款
欠和生離剋加更煞甚離不協力吾見
昌曲貌美聰明見机消右弼妻聰明性剛加昌曲貌美加天机
妻多女主吉加四煞刑太陰妻多女加刑煞剋夫

文昌 妻不聰秀且多巨门同貌美加杀尅女主夫長加四杀有对妻尅

文曲 妻聰俊早婚女主夫長加权昌陰机妻多加四杀空刼主尅

祿存 皆主遲婚吉加杀偏房加四杀必尅

羊陀 庙吉陷尅机巨杀武加四杀生離

火鈴 尅加四杀更甚

空刼忌 旺吉加四杀破廉主刑

魁鉞 娶富家女夫貴

权科祿 夫賢男同有主妻巧

子女

紫微 三男二女左右昌曲同主貴 天機 庶出並外子得力 太陽
加杀二人加四杀庶出吉 二人加杀魁
三人或三人陥加 武曲 主孤加吉八 天同 廟三人加吉者加杀得大
杀魁庶出方吉 路老二子庶出 力見梁空偏房生方吉
廉貞 遇吉星 天府 三人加杀曲二人宜 太陰 廟三子陥孤庶出
方路 庶出加四杀不得力 外子吉或過房
貪狼 廟四三人陥孤 巨門 二人加杀魁見同左右 天相 三人加破
有亡三不得力 親子得庶出過老 軍四杀庶
出 宜先見女外子得力見左右 遇魁加杀
進 天梁 府昌一人庶出加四杀有亦不得力 七殺 魁 破軍 孤

右弼 三人加紫曲火陀魁武 四一人不得力羊每有分 左輔 主人加吉貴 加祿六人有刑 文昌 主人加曲府 左右貴加

祿二人 送終 文曲 主人加吉得力 加祿魁 祿存 主孤廢出外子得力逢吉 一人四子多送老亦不見 羊刃 主孤

有亦不得力 火鈴 魁孤加吉一人 空劫忌 無子

財帛

紫微 財足加祿 先難後易 天機 白手成家巧藝 生財中敗後成 太陽 財足逍勞苦 生財

武曲 廟閑中生財陷 加忌財去不定
天同 旺聚陷 破耗
廉貞 破敗不常 先难後易
天府 財足
太陰 廟富貴陷 終不聚財
貪狼 生財有道 加吉大貴
巨門 破敗不一加羊陀 空劫財不足
天相 財足加 忌不常
天梁 廟財多加 忌先难
七殺 廟閑中進財 陷不好
破軍 不聚 財加
吉一聲 如雷
文昌文曲 廟富陷 破耗
祿存 財積千金 加忌先难
火鈴 破財廟 發財
左右权科祿魁鉞 並財足

疾厄

紫微 喜逢良醫 天機 主熱毒而溫氣之疾 加羊陀在陷宮目疾 太陽 頭風寒溫之疾 羊陀陷目疾

武曲 廟旺少陷四肢手疾有風疾之恙 加四煞主風疾痔疾 天同 主寒疾加吉 平和

廉貞 腰疾腎疾 廟加吉平和 天府 吉有救 旺之吉 太陰 血氣之疾 陷主火疾 貪狼

廟旺少陷腰腎帶疾 加火鈴目疾 巨門 血光疾 加煞四肢 寒疾唇口有破 天相 廟平和陷 主殘疾

天梁 吉加火 金鐵疾 七殺 痔疾、氣疾，加羊陀四肢疾 破軍 目昏、疾氣、疾腰足之疾，腰部疾，女人包宮

金武曲之氣

寒虫疾

火鈴 足目破相四肢 瘦脊背疾

左右昌曲 並吉

遷移

紫微 出外吉慶 人扶持 天機 出入多忙欠安，逢吉營運 太陽 出外吉營財 貴人扶持 武曲

出外勞心閑中遁 天同 出外近貴和順 廉貞 出外和順 在外日多 太陰 出外

財加吉久安

奔往不利近貴榮達 天府吉出外近貴 貪狼出外和平風流利益 巨门隨出外招是非

天相出外吉慶人扶持 天梁出入近貴 七煞出入多忙加凶死于外道 破軍出外勞心不安

左輔出外旺相近貴聚財 右弼出入貴人扶持 昌曲出入貴人和好 魁鉞貴人扶持

羊陀与人不和更改無常 火鈴飄蓬不定 空劫忌皆不吉

奴僕

紫微 多得力旺 財進宝　天机 庙得二 人力　太陽 庙旺得力 發財　武曲 得 力

少怨但多 飢來飽去　天同 得力　廉貞 招怨 少力　天府 主多得 人力　太陰

旺相 得力　貪狼 庙旺得力 陷不得力　巨门 招是非 不得力　天相 得力 旺財　天梁 庙 刑

多人陷 不得力　七煞 奴人雖有亦招 横人加虐害乃　破軍 早年辛苦 晚年得力　左輔右弼

奴婢多 得力　文昌文曲 庙吉發財 得力利益　羊陀 刚強反逆 車損怨心　火鈴 庙平和 陷招怨

官祿

紫微 廟旺加吉貴 晚年發達

天机 廟貴、陷加煞 蹭蹬功名

左輔 廟文武 官吉

太陽 廟貴、陷 不久

武曲 廟权貴 陷平常

天同 廟文武 職陷凶

廉貞 廟武職权 貴陷不利

天府 廟权貴文武文之材 陷刀筆納粟奏名

太陰 廟权貴加吉文 武職陷辛苦書

巨門 武職陷奔 波

貪狼 入廟权貴且 富陷平常

天相 廟富貴加 吉平常

天梁 會吉文武全財 加权祿作尚書

七煞 廟权貴不小 但不耐久 右弼 主貴 文昌 会太陽 貴 文曲 廟貴陷逢吉吏
員出身会太 破軍 廟富貴陷紬棄 火鈴 廟武職 陷不利 羊陀
陽吏貴而已 雜職亦遲
廟武職陷平 魁鉞科权祿 富貴
常奔波度日

田宅

紫微 田園 茂盛 天機 破祖不立 陷辛苦 太陽 廟多乃祖 業陷無 武曲 早破不立 廟旺吉

天同 是非 反易 巨门 因田宅招是非 廟自置 天相 廟有多自 置一新 廉貞

祖業有破 樂修不安 天府 自置一新廟 旺踏終如一 太陰 廟有多進 陷棄 貪狼 因田被財 逢吉自置

七煞 逢吉大發 逢凶破耗 天梁 廟仍承 祖業 破軍 廟有自置陷 不成家 左輔 有多 自置

一新 右弼 有多自置 尤新 文昌 有多自置 一新 文曲 祖業多丑 安穩

祿存 自置 可多 火鈴 不守祖業 逢吉自置 羊陀 破耗祖業 逢吉点發

福德

紫微 廟旺八九十歲
天机 先难後易六十多歲
太陽 廟旺寅丑貴壽可七十
武曲 廟先难後易辛苦一生
天同 壽七十多歲
廉貞 壽波欠安七十歲
天府 福祿有餘八十多
太陰 廟快樂七十多歲
貪狼 廟貴有壽
巨门 廟帶壽七十多
天梁 晚年富貴
天相 福多七十歲
七煞 廟福壽陷勞陷五十刑夭
破軍 廟有壽陷夭壽
左輔右弼

福祿多壽亦高

文昌 福壽並吉 七八十歲

文曲 廟俱榮壽 六十多

羊刃 勞心力 卅多歲

火鈴 勞祿壽 四十外

陀羅 勞力用心 壽五十

空劫 貪夭

祿存 富壽全 七十多歲

父母

紫微 富貴，加羊陀見尅 父寡宜出外寄養

天機 富貴過房吉 陷偏生 加凶生離剋害

太陽 廟富貴壽魁 陷早常 先尅父後尅母

武曲 有殺加羊陀尅 加刑先母後父

天同 加羊陀刑 尅太甚

过房吉

天府 庙父母得祖力 加凶杀刑剋

庙父母会剋平和 加杀剋母

贪狼 父母不全

天相 最吉加杀 不为害

巨门 少年难靠

天梁 父母平和 宜过房

太阴

七杀 剋父 母不

親有害

刑忌 剋

破军 剋害祖早生 少年失庙吉

左辅 剋 父母贵加杀

方好

右弼 父母 高寿

文昌 富贵加杀剋 平常

文曲 吉加煞 军剋

火铃 庙富 出家加

寿年 常剋

羊陀 剋先父 陷母

空劫 刑剋宜 出嗣

禄权科魁鉞 富贵 高寿

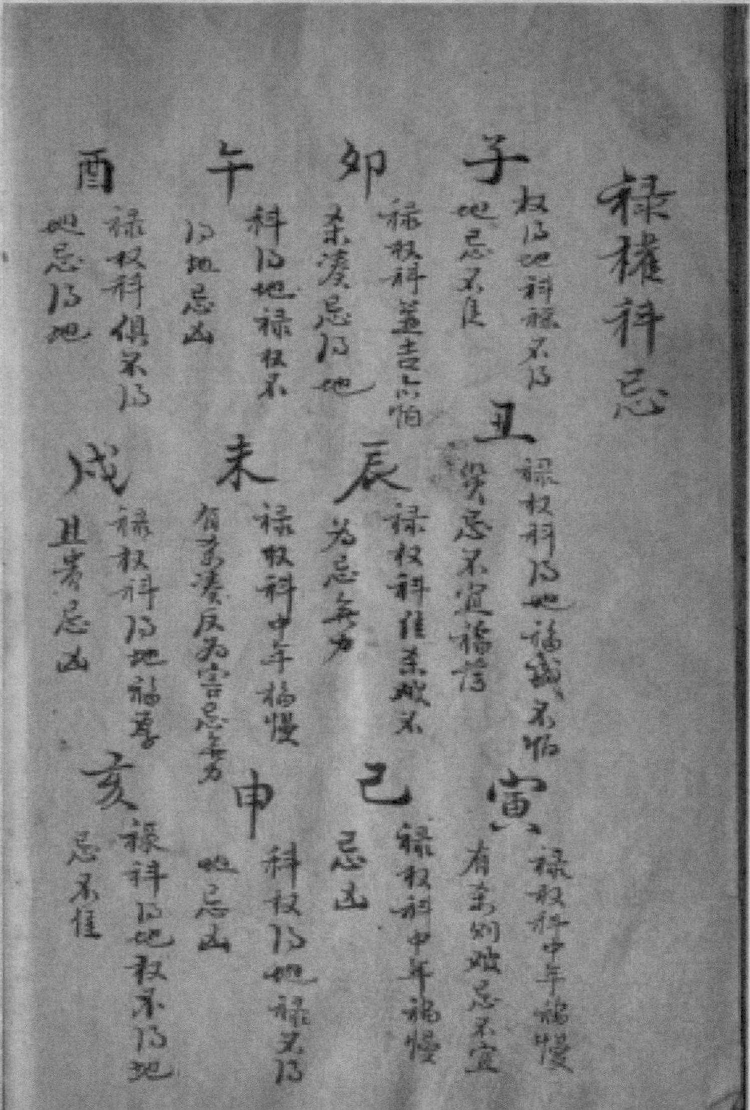

祿權科忌

子　权乃地科祿不乃　地忌不良

丑　祿权科乃地福盛不怕　毀忌不宜福信

寅　祿权科中年福慢　有害則破忌不宜

卯　祿权科並吉亦怕　來凌忌乃地

辰　祿权科俱來破不　為忌無力

巳　祿权科中年福慢　忌凶

午　科乃地祿权不　乃地忌凶

未　祿权科中年福慢　俱害凌辰為害忌無力

申　科权乃地祿不乃　地忌凶

酉　祿权科俱不乃　地忌乃地

戌　祿权科乃地福專　丑害忌凶

亥　祿科乃地权不乃地　忌不佳

諸星廟陷

吉星為福。亦同地暗為禍。凶星為禍。亦失陷暗為福。凶星得地。截且轉禍為福也。

	子	丑	寅	卯	辰	巳
廟	廟 殺昌梁右 陰相府機曲	廟 紫機貪府陰曲 武昌羊陀右	廟 紫相府巨梁 天祿馬火左	廟 陽梁同巨右全	廟 府梁貪武羊 機陀右	同馬曲右
旺	旺 同武巨貪 羊昌	旺 紫破巨門	旺 陽	旺 紫機昌曲	陽破	紫陽
得地	地 昌陀	地 火	地 機武破右	府貪	紫貪昌曲 左	府相祿 全
利益	利益	利 貪全	同	曲武火	廉貞	
平和	平和 紫貞	平	曲貪貞	貞	相同巳	機武貪破 梁巨
不得地陷	陷 陽火令	陷 同陰[illegible]令	陀昌陰[illegible]	相陰破羊 陀	陰火	陽貞全陀羊

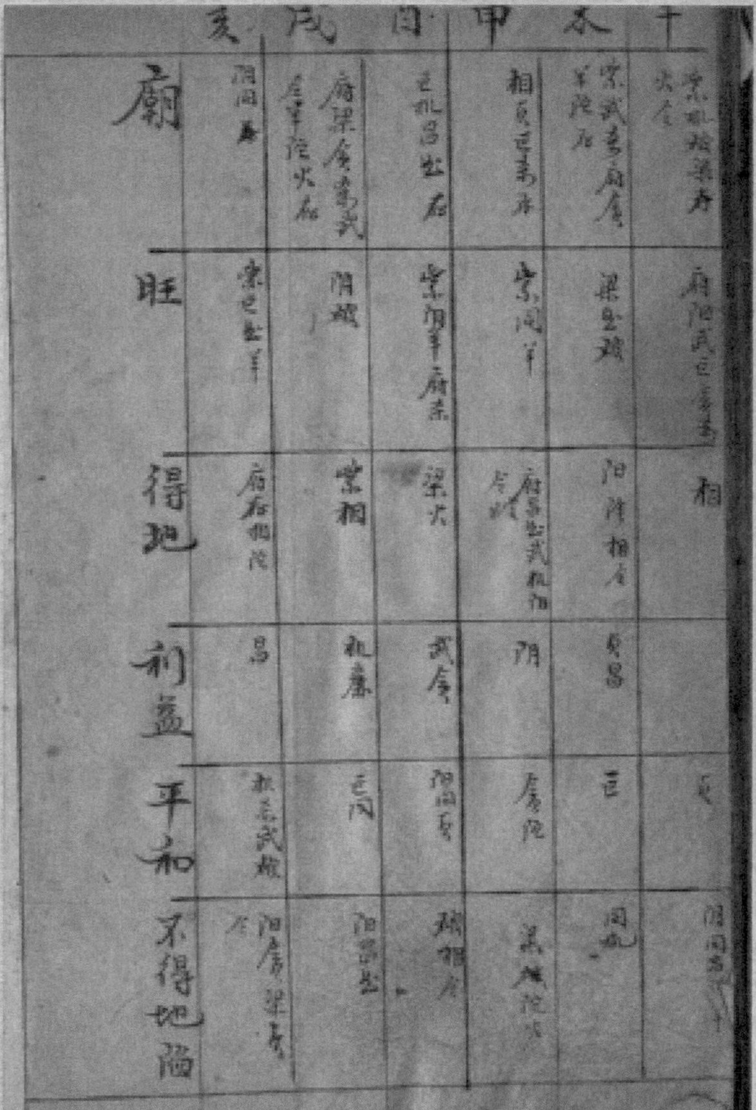

	午	未	申	酉	戌	亥
廟	紫[illegible]殺梁[illegible] 火[illegible]	紫武[illegible]府廉 羊陀右	相[illegible]巨[illegible]存	巨機昌曲右	府梁[illegible]貪武 左羊陀火右	陰同[illegible]
旺	府陽武巨[illegible]	梁曲破	紫同羊	紫陰羊府[illegible]	陰破	紫[illegible]曲羊
得地	相	陽陀相存	府昌曲武機陽 左[illegible]	梁火	紫相	府右相陀
利益		貞昌	陰	武貪	機廉	昌
平和	貞	巨	廉陀	[illegible]同貞	巨同	機[illegible]武破
不得地陷	陰同昌[illegible]	同[illegible]	[illegible]破陀火	[illegible]相存	陽昌曲	陽廉梁貪 左

課竹法 能知人生日時辰吉凶

時時南山一竹竿留在東海住幾年上頂參辰共日月下長生根土黃泉觀音留下值錢賣奉請普薩下雲霄吉凶禍福皆可知到往年書月皆可都去了一對竹竿一齊交說問就問說交就交童子下界東竿動玉女下界西竿動就我使喚供養饒饒送堂前不就我使喚刀碌斧砍化化言

護身咒

頭頂天靈腳踏地靈身佩皇符我有三萬神兵我有三萬鬼兵來護我身體逢天天開逢地地裂逢人人生逢鬼即滅逢禍兩截丙午六丁星北斗七星吾奉

太上老君急急如律令敕

十二宮諸星得地合格訣

子安命

子宮貪狼煞陰星 機梁相拱福必隆 庚辛乙癸生人美

一生富貴又豐盈

丑安命

丑宮立命日月朝 丙戌生人富祿饒 壬癸平常中局論

對照富貴福比皆清

寅安命

寅宮巨陽星豐隆 七煞天梁百事宜 甲己庚人皆為美

男子為官女受封

卯安命

卯宮机巨武曲逢　乙辛生人福興隆　男子為官康康祿

女人享福受褒封

辰安命

辰位权梁在命宮　天府武曲最興隆　樓屋衣紫真榮顯

富貴榮華直到終

巳安命

巳位天机天相臨　紫府朝垣福更深　戊辛壬丙皆為貴

一生順逆少災侵

午安命

午宮紫府太阳同　机梁殺煞喜相逢　甲丁己癸生人福

一世安光廉福壽

未安命

未宮紫武廉貞同　日月巨门喜相逢　女人值此全福壽

男人逢之位三公

申安命

申宮紫府貞梁同　武曲巨门喜相逢　甲庚癸人踏即喜

一生富貴逞英雄

酉安命

酉宮最喜太陰逢　巨日又逢書而冲　辛乙生人為貴格

一生富福永享通

戌安命

戌宮紫府對冲辰　富而不貴有虛名　更加吉曜多權祿

只利開張貿易人

亥安命

亥宮最喜太陰逢　人若逢此福自降　男女逢之皆稱意

富貴榮華直到終

十二宮排星失陷破格訣

子丑安命　子午天機丑巳位　此星落陷為真　雖然作吉不為美

任他富貴不清寧

寅安命　寅上紀昌曲月逢　羊陀吉拱不逢僧　男為伴作

　女娼婢　若非夭折即貧窮

卯辰安命　卯上太陰羊陀逢　辰宮巳宿紫微同

　縱然化吉不為美　若再加来刑殺凶

巳安命　巳宮武月天梁巨　貪宿廉貞共刑蛇

　三合吉曜皆不貴　下賤貪窮度家華

午安命　午宮貪巨月昌淫　羊陀三合最嫌冲

　羊陀化忌居仕路　橫破橫發刑克窮

未安命　未宮巳宿太陽嫌　縱步災厄有魁傍

夢婦命波官事凶　淫綠下賤度時光

申酉安命　申宮机巨為破格　男人浪蕩女淫貪
二宮若然桃花見　男女逢之總不榮

戌安命　戌上紫破若相逢　天同太阳為主凶
男女破家更夭折　隨緣勤苦身食窮

亥安命　亥宮貪火天梁同　飄蕩浪子走西東　若遇
富貴也年促　不然隷僕乃貧窮

十二宮論星乃地富貴論

子宮乃地太阴星　煞破昌貪文曲明　丑未紫破刺日月来
貞梁丑福非輕　寅宮最喜太阳巨　七煞天同梁文清卯上宜

為貴格武曲守卯福若降辰戌机梁非小補戌宮天府累承
虔巳亥天机天相貴午宮紫府梁偶榮申宮貞巨陷煞美
酉戌亥上太陰停辰卯巳午陽正照紫府巨宿巳亥災亥宮
天府天梁吉子宮机宿〻申平七煞子午逢左右文曲加之格
最清廬坐申宮逢輔弼更兼化吉福尤良
武昌巳亥逢〻甲科逢是貪狼居卯酉逢火作公卿天机屋
卯貴寅月〻〻丁紫巨卯逢左右〻乙逢庭巨坐寅申位
倫喜甲庚生二宮逢四墓左右昌曲星辰戌逢三宿必主位
公卿

十二宮諸星失陷貧賤論

丑未巨機為值福失陷比月福須輕卯酉不喜逢羊刃辰戌
紫破朝綱羅辰休戌因貪貞陷午宮陰巨不堪福申宮居武
為下格同逢機巨日忌侍卯辰巳午逢陰宿戌亥逢陽亦不榮
廉貞巳亥居陷地破軍卯酉不免凶加煞逢劫為所盜此是郊行不
安福貪狼化祿居四墓雖然遇者亦中平居陷地休逢煞空劫
羊陀加火令若非夭折亦下賤六畜之命不可評旺地常福終遠太陰
地沖嶺剛居傾二論不過五房宮富貴貧賤自明

斷命活套

命旺身強根理良三方四正吉星彰天梁廟旺守命局化祿
清高貴業壽天壽生旺合輔強左右夾局吉星非常化權科

交加拱定庠皇恩大席鄉雨紫双親庇蔭諸二宮逢吉都應
行三位貢賠配淑女子星得旺俗芳多且論於今得某限某生
不壹見學子第一某某限吉星聚遊泮還朝封补補擢列
此步嬌宮新粧展鳴宴上壹氣揚藍袍脫換着淄裡
争先觀道傳道燦燦座妻聯銀漢舒舒錦衍奏玉堂再
入某限祥禄旭春闈三戰魁名聯宫居魁合承恩寵居施
善政牧民良器晃大志隆政展播得英名著吉矣某限迎庇蔭
一危稠窗居未豪利傷帝制尚有吉星聚轉禍為福咩吉祥
某限宦鄉名赫顯重望拔擢伴君王于公大廈容車馬謝氏芝
蘭更勝芳吉姉一列甚光遊乘彼白雲歸帝鄉

斷命活套

紫府朝守富貴濟，最喜左右昌曲臨，財官權祿來拱照，
空主君利到終身，患生不合真格局，難有貴宿作虛論。
三方又見羊陀混，終難平步上青雲，如乃金星司財庫，
謝君早富並春申，命主臨財常巳富，尊星守命福祿
深，僕遂刑尅名利害，君子小人淫濁多，太陽星陷父先喪，太
陰星旺母先亡，常祿花枝遂殘柳，只因惡煞來相侵，
妻臨收並傷老，因為刑傷煞來臨，寸宮南斗並北斗，彩達
生處見麒麟，試論於今 某 星限，此星息服不可當，
花不見喜事臨，只為風火結秧地， 某 京人交 某 星限 某